AF292144

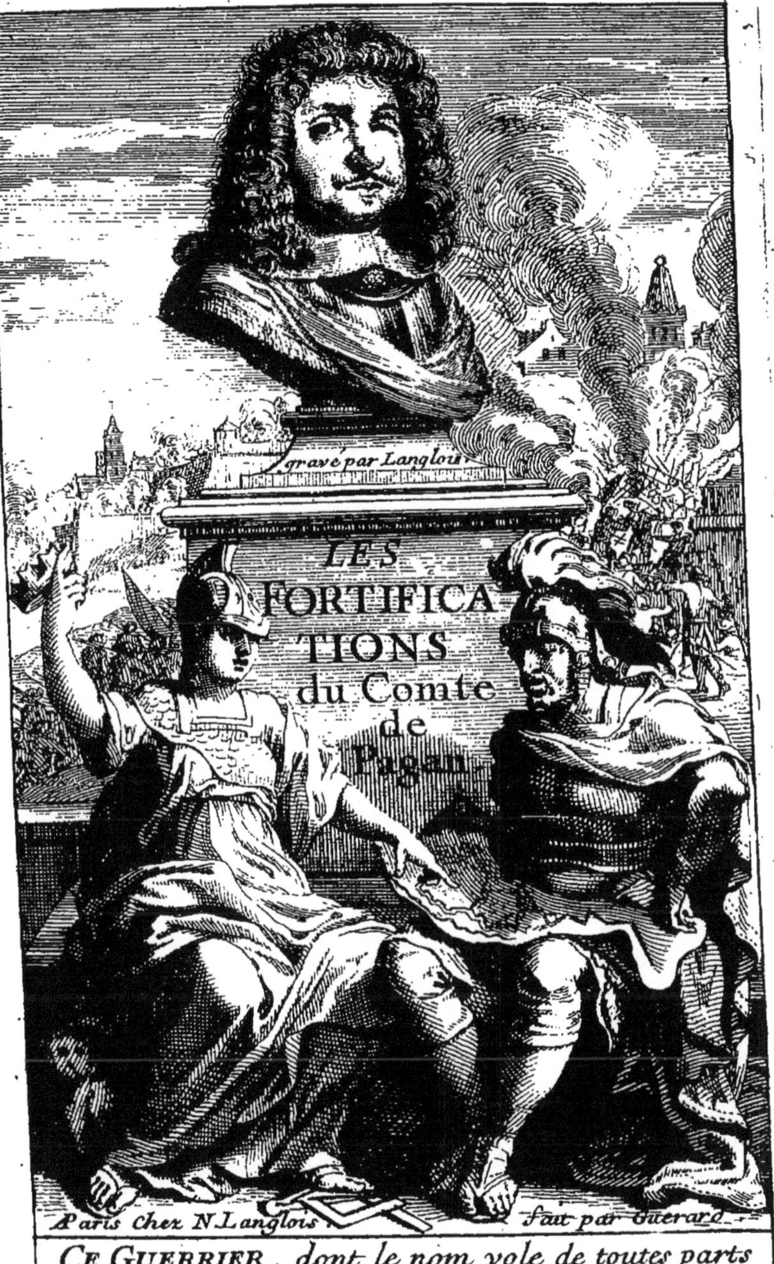

CE GUERRIER, dont le nom vole de toutes parts
Favori de Minerve, ainsi que de Bellone,
Sceut joindre a la valeur la gloire des beaux Arts,
Et traça de son sang les leçons qu'il te donne.

LES
FORTIFICATIONS
DU COMTE
DE PAGAN,

NOUVELLE EDITION.

AUGMENTE'E D'UNE IDE'E
Generale de la Fortification ; où les termes
de cét Art font expliqués & rapportés à
de nouvelles Figures :

AVEC DES NOTES SUR LE TEXTE.

ET DES ECLAIRCISSEMENS
qui contiennent la folution des principales
difficultez qu'il y ait dans cette Science :

ET LA MANIERE DE FORTIFIER
de Monfieur de Vauban.

Par Mr **HEBERT** *Profeffeur*
Royal de Mathematique.

A PARIS,
Chez NICOLAS LANGLOIS ruë Saint
Jacques, à la Victoire.

M. DC. LXXXIX.
AVEC PRIVILEGE DU ROI.

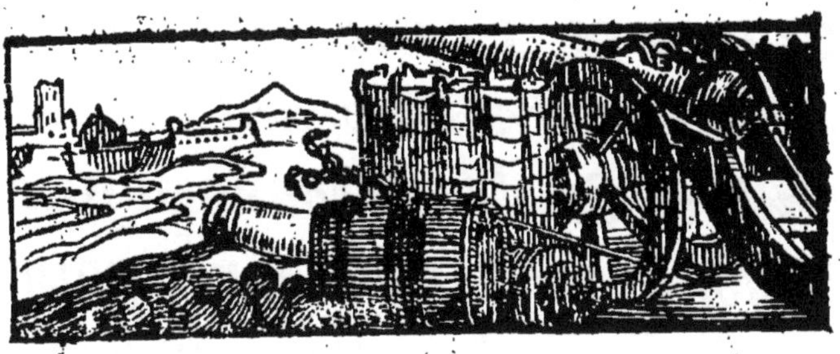

A SON ALTESSE

SERENISSIME
MONSEIGNEUR
LE PRINCE.

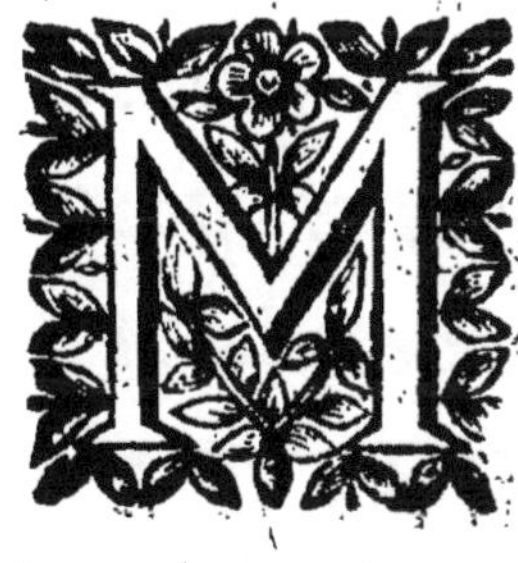ONSEIGNEUR,

DANS *le dessein que j'ai eu de donner une forme nou-*

EPISTRE.

velle à ce Traité de Fortifications, en empruntant la
plume & le secours d'une
personne tres-intelligente pour
y ajoûter des Remarques :
J'ai bien prévû que j'avois
besoin d'un puissant Prote-
cteur, qui pût mettre cet Ouvrage à couvert des atta-
ques de l'envie, & que
quelque grande que soit la
reputation du Comte de
Pagan, il falloit un grand
Nom comme le Vôtre pour
la soûtenir. Cependant,
MONSEIGNEUR, je n'-
aurois jamais pris la liber-
té de Vous demander une
protection qui m'est autant
glorieuse que necessaire, si je

n'avois consideré que feu
Monseigneur le Prince aïant
agréé que son Nom celebre
& immortel parût à la tête
de ce Livre, je ne pouvois
me dispenser de le presenter
à Vôtre Altesse Serenissime, qui n'a pas moins heri-
té de la bonté qu'il avoit
pour les gens de Lettres, &
du discernement avec lequel
il jugeoit de leurs Ouvrages, que de ses autres Vertus
Politiques & Militaires:
C'est aussi dans cette consideration que j'ose me promet-
tre que V. A. S. recevra
favorablement ce Traité,
& qu'Elle voudra bien l'ho-
norer de sa protection, &

EPISTRE.

me permettre de faire en cette rencontre une profession publique d'être avec un tres-profond respect,

MONSEIGNEUR,

De Vôtre Altesse Serenissime,

Le tres-humble & tres-obéïssant Serviteur LANGLOIS.

ABREGÉ DE LA VIE
du Comte de Pagan.

C'EST un grand avantage quand un Auteur qui écrit sur les Fortifications, a pû joindre la pratique à la speculation, & se confirmer dans ses pensées par une longue suite d'experiences dont il aura sçu profiter : Mais afin qu'il soit capable de faire des observations utiles, afin qu'il puisse en tirer toutes les lumieres qu'elles peuvent donner, il faut qu'il soit né de ce temperament heureux qui fait les hommes extraordinaires, & qu'avant que de sortir de son cabinet, il ait acquis toutes les connoissances dont il pourra se prevaloir utilement lors qu'il sera dans le service. Tel estoit Messire Blaise François de Pagan, Chevalier Comte de Merveilles, Seigneur de l'Isle, Conseiller du

Roy en ſes Conſeils, Maréchal
de ſes Camps & Armées, & Gouverneur pour ſa Sainteté du Châ-
teau & Baronie du Pont de Sor-
gues. Son genie eſtoit d'une élevation & d'une vivacité prodi-
gieuſe, il avoit le jugement ſolide
& profond, & une memoire admi-
rable, ſi bien qu'au moyen de ces
grands avantages de la nature, quoi
qu'il eût embraſſé fort jeune la pro-
feſſion des Armes, il ne laiſſa pas
d'acquerir toutes les connoiſſances
qui peuvent ſervir à s'y perfectionner.

Il ſçavoit des Mathematiques
non ſeulement beaucoup audelà
de ce qu'un Gentilhomme qui
veut s'avancer par les Armes a
coûtume d'en apprendre ; mais
encore beaucoup plus que n'en
ſçavent la pluſpart de ceux qui ſe
mêlent de les enſeigner, il ne faut
que voir les differens Ouvrages
qu'il a compoſez ſur differentes
parties de ces Sciences pour s'en

convaincre. Il estoit sçavant dans l'Histoire & dans la Geographie, & il dit luy-même dans la Preface de ses Racines quarrées & cubiques, qu'ayant plutost trouvé une Science qu'il ne l'avoit apprise dans les Auteurs, il avoit moins employé son loisir à la lecture des Livres de Sciences que dans celle des Volumes d'Histoire & de Geographie. Enfin il avoit tiré de si grands avantages de l'étude qu'il avoit faite de la Politique & de toute la Morale, qu'on peut dire qu'il s'étoit peint luy-même dans son Homme Heroïque, & qu'il s'étoit rendu l'un des plus honnestes hommes de son tems, *comme il estoit (selon le témoignage de* Loüis le Juste*) le mieux fait, le plus adroit & le plus vaillant du Royaume.*

Ce Seigneur nâquit le troisiéme Mars 1604. & l'on peut voir par le Portrait dont on a enrichy cette Edition de ses Fortifications, que la beauté de son corps répondoit à celle de son esprit , & que sa phisionomie n'étoit point trompeuse. Il receut de son Pere Claude de Pagan , qui fut un Gentilhomme des plus accomplis de son tems, une éducation proportionnée à sa naissance ; & comme il l'élevoit pour les Armes, il le mit dans le service dés l'an 1616. ce jeune Seigneur n'ayant encore que douze ans.

Depuis ce tems-là il fit paroître dans toutes les occasions où il se rencontra, une valeur & une prudence qui fut admirée de tout le monde, & quand il perdit entierement la vûë en 1642. il s'étoit trouvé avec honneur à plusieurs Combats & à plusieurs Sieges depuis l'année 1620. car alors n'étant âgé que de seize ans , il se trouva au Siege de Caën , au Combat du Pont de Cé, & à la reduction du Navarrin & du reste du Bearn, où il fit paroître un courage extraordinaire , & s'acquit par ses belles actions une gloire, & une reputation beaucoup au deſſus de ſon âge.

En 1621. il ſe trouva aux Sieges de S. Jean d'Angely, de Clerac & de Montauban, & receut en ce dernier un coup de mouſquet à l'œil gauche. Ce malheur qui luy eſtoit arrivé dans une ſi grande jeuneſſe, bien loin de ralentir ſon courage, ne fit que l'exciter à ſe rendre digne des premieres Charges par une longue ſuite d'actions de vigueur; prejugeant que la fortune ne l'avoit conſervé d'un coup ſi perilleux que pour le favoriſer de ſes graces : Auſſi dés l'année ſuivante il ſe trouva au Combat des Sables d'Olonne, aux Sieges de Royan, de Sainte Foy, de S. Antonin, de Lunel, de Sommieres & de Montpellier, & à la priſe de Negrepeliſſe où il monta des premiers à la brêche.

Il ſe vit pendant les années 1627. & 1628. au Siege de la Rochelle, l'année d'aprés au passage des Alpes & aux Barricades de Suze, où à la teste des enfans perdus, des Gardes, & de la plus brave Jeunesse du Royaume, il entreprit d'arriver le premier à l'attaque par un chemin particulier, mais extrémement dangereux. Il se servit de la connoissance qu'il avoit de la Carte du Pays pour gagner le haut d'une montagne, dont la descente du costé des Barricades luy paroissoit impossible, tant elle estoit escarpée : là ayant dit à ceux qui le suivoient, *Voicy le chemin de la Gloire*, il se laissa glisser le long de cette montagne, & ses Compagnons l'ayant suivi ils arriverent les premiers à l'attaque comme il se l'étoit proposé : A leur abord il y eut un furieux choc, & peu de temps aprés ces braves estant soutenus par le reste des Troupes qui arriva, les Barricades furent forcées, & le Comte de Pagan eut bonne part à la gloire de cette journée. Ce fut aprés cette action heroïque qu'il eut la satisfaction d'estre témoin de l'estime que le Roy faisoit de sa valeur, & d'entendre sa Majesté, dont il avoit l'honneur de soutenir la main gauche, prendre plaisir à raconter ses belles actions au Duc de Savoye, qu'Elle avoit mené sur les lieux aprés son ac-commodement, & luy donner des loüanges extraordinaires, qui furent entenduës des deux Cours qui suivoient.

En la même année 1629. il fut aux Sieges de Privas & d'Alet, & l'année suivante à l'attaque des Fauxbourgs de Chambery & au Siege de Montmeillan.

Le Roy ayant assiegé Nancy en 1633. il eut l'honneur de tracer avec sa Majesté les lignes & les forts de circonvallation.

En 1636. il fut choisi pour com-mander & fortifier le long de la Riviere d'Oyse : Il se jetta dans

S. Quentin pour défendre cette Place. Il fut ensuite au Siege de Corbie, & enfin il eut ordre d'aller à Amiens pour y commander pendant les defordres de la frontiere.

En 1637. il fut aux Sieges de Landrecy, de Maubeuge, de Clermont, de la Capelle, & à la prife de Sor le-Château : A cette derniere place il combatit les ennemis fi vigoureufement & les pourfuivit de fi prés dans une fortie qu'ils firent, que fans leur donner loifir de lever le Pont, il le paffa avec eux. Cette action fit prendre la Place, & la gloire de cette entreprife fut juftement donnée au Comte de Pagan. Car quoique le Gouverneur retranché dans une des Tours, fift un feu continuel fur luy & fur ceux qui l'avoient fuivi, & qui le preffoient de plus prés dans une petite cour, il y combattit neanmoins avec tant de vigueur que la place fut prise aprés la resistance la plus opiniâtre qui se pust faire en une pareille occasion.

En 1638. les Generaux l'envoyerent du Siege de S. Omer à la Cour pour y conferer touchant l'état present des affaires, & obtenir le pouvoir de donner bataille. Dans la même année il se trouva aux Sieges de Renty & du Catelet, & à cette derniere place il monta des premiers à la brêche.

L'année suivante il fut au secours de Mouzon, au Siege d'Ivoy & au combat de S. Venant. En 1640. au fameux Siege d'Arras & au combat des Lignes. Et en 1641. aux Sieges de la Bassée & de Bapaume, & à l'attaque du Faux-bourg de l'Isle.

En 1642. le Roy le choisit pour aller servir en qualité de Maréchal de Camp sous le Roy de Portugal, mais au même tems il perdit entierement la vûë dans Paris; & cet accident qui le priva de l'honneur que Sa Majesté luy faisoit, le mit dans l'impuissance de servir davantage, & luy osta les moyens d'arriver aux premieres dignitez de la Noblesse, qui sont les recompenses ausquelles ceux de son merite & de sa naissance sont en droit de pretendre aprés une longue suite de travaux & d'actions heroïques. Ainsi finit la vie militaire du Comte de Pagan, qui auroit esté plus long-tems en estat de la continuer, s'il avoit pû se contenter de se distinguer du commun, & s'il avoit voulu s'y ménager seulement autant qu'il le pouvoit faire avec honneur. Il y eut si peu de vuide dans cette vie laborieuse, que l'on ne croiroit jamais qu'il eût pû cultiver les Sciences & les beaux Arts dans un tems où son rang l'obligeoit de donner à la Cour & aux divertissemens de Paris le peu qu'il avoit de relâche dans les fatigues continuelles de la guerre, si les

Ouvrages qu'il a donnez au public depuis la perte de sa vüe, ne se fussent suivis avec une telle rapidité, qu'il est impossible de concevoir qu'un homme puisse en si peu de tems & dans un estat si peu propre à l'étude, acquerir une si grande varieté de belles connoissances que l'on en trouve dans les Livres qui nous restent de luy.

Le Traité des Fortifications fut le premier qu'il mit sous la presse; il parut au jour pour la premiere fois en 1645. & il semble que le Comte de Pagan ait voulu commencer par cet Ouvrage pour ne pas laisser effacer les idées qu'il avoit formées en vingt-deux ans d'experience continuelle, & afin qu'étant encore tout remply des observations qu'il avoit faites en tant d'occasions differentes, il en pust d'autant mieux tirer de justes consequences. On ne dit rien icy du merite de cet Ouvrage, tous

ceux qui s'y connoiffent conviennent que jufques-là il ne s'étoit
rien fait de plus achevé dans cette matiere, & ceux qui le liront
avec application, en feront aifément convaincus par eux-mêmes.

Ses Theoremes Geometriques
parurent pour la premiere fois en
1651. & enfuite beaucoup augmen-
tez dans la feconde Edition en
1654. l'on y trouve en abregé les
propofitions fondamentales des
principales parties de Mathematique, & l'on eft obligé de reconnoître qu'il falloit les poffeder à
fond pour en propofer les plus
importantes veritez en la maniere
qu'elles y font deduites.

En 1655. il mit au jour fa cu-
rieufe Relation de la Riviere des
Amazones en faveur de la Geographie, & dés l'année fuivante
il compofa en deux jours, ainfi qu'il
le témoigne dans la Preface, 64.
Theoremes fur les Racines quarrées & cubiques, qui n'ont pour-

tant esté imprimées qu'aprés sa
mort en l'année 1669.

On vit paroître en 1657. sa
Theorie des Planetes, dans laquelle débarraffant leurs mouvemens de la multiplicité de Cercles
excentriques & epicycles, par le
moyen defquels les Aftronomes
qui l'avoient precedé expliquoient
leurs mouvemens, il les fait feulement mouvoir dans des ellipfes,
& par cette hypothefe également
fimple & phyfique, il enfeigne à
trouver geometriquement le vray
lieu & le vray mouvement des
Planetes, Ouvrage d'une telle
confideration dans l'Aftronomie,
qu'il a merité à fon Auteur la
même diftinction parmi les Aftronomes, qu'il s'étoit acquis parmi
les Ingenieurs & les Soldats, par
l'étenduë de fes connoiffances
dans l'Art de la Guerre.

Ses Tables Aftronomiques parurent enfuite en 1658. elles font
également courtes & exactes, &

il en a expliqué l'uſage de la maniere du monde la plus intelligible. Il ſeroit à ſouhaiter qu'il eût
eſté moins prevenu en faveur de
l'Aſtrologie judiciaire, qu'il ne
l'étoit, & quoique la premiere
partie de ſon Aſtrologie naturelle
qu'il fit imprimer en 1659. ſoit
remplie de beaucoup d'érudition,
& qu'il y parle de cette preten-
due Science avec plus de retenuë
qu'aucun de ceux qui en ayent
écrit, on n'oſeroit neanmoins
donner place à cet Ouvrage parmi ceux qui doivent faire honneur
à ſa memoire.

Le dernier Ouvrage qu'il ait
mis au jour, a eſté ſon Homme
Heroïque en 1663. On y voit le
caractere de l'honneſte homme
décrit d'une maniere ſi naturelle,
qu'il eſt aiſé de juger que l'Auteur
avoit le cœur & l'eſprit fait de la
maniere dont il dit qu'il le doit
eſtre.

Toutes ces applications n'em-

pêchoient pas que chaque jour il
ne receût visite de plusieurs personnes de qualité & d'érudition ; &
il se formoit chez luy une espece
d'Academie où l'on s'entretenoit
de Morale, de Politique, de l'Histoire ancienne & moderne, &
generalement de ce que les Sciences & les beaux Arts ont de plus
remarquable. Le Nonce de Sa
Sainteté, les Ambassadeurs de
Suede, de Venise, le Resident de
Genes, les Ministres des Electeurs
& Princes de l'Empire se faisoient
un plaisir singulier de sa conver-
sation, & le venoient voir fort
souvent. Sur tout l'accez y estoit
libre aux Mathematiciens, qui le
consultoient sur des difficultez
qu'un autre que luy auroit eu peine à déveloper.

Enfin le Comte de Pagan chargé de lauriers & de gloire, chery
du Roy, estimé des Princes & de
la premiere Noblesse, admiré &
recherché de tous les Sçavans,

mourut à Paris le 18. Novembre 1665. âgé de soixante-un an & huit mois. Le Roy luy fit l'honneur de l'envoyer visiter dans sa maladie par son premier Medecin, & Sa Majesté luy fit connoître par là l'estime qu'elle faisoit de son merite. Il fut inhumé aux Religieuses de la Croix, de l'Ordre de Saint Dominique, au Fauxbourg S. Antoine, où est son Epitaphe, & où il avoit une Sœur Religieuse & bienfaitrice. Il est mort sans enfans & sans avoir esté marié; ainsi la branche de sa Famille qui passa de Naples en France en 1552. finit en sa personne.

AVERTISSEMENT

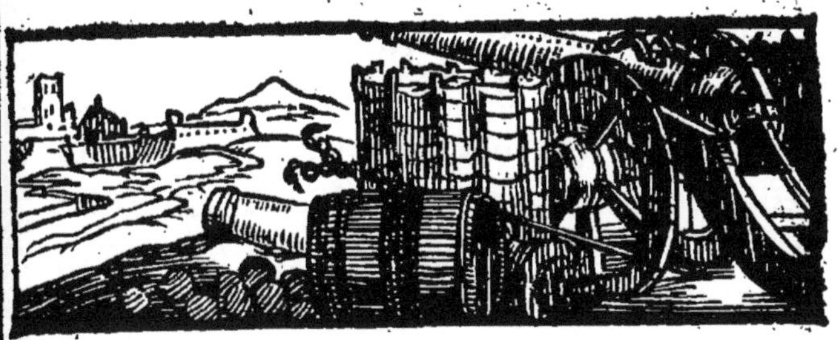

AVERTISSEMENT.

LA Fortification du Comte de Pagan est dans une estime si universelle parmi les Ingenieurs, qu'il seroit inutile d'en faire l'éloge ou d'en recommander l'étude.

En effet, quoy qu'on ne la pratique point telle qu'il l'a proposée, il est néanmoins certain que les principes sur lesquels elle est appuyée, ont servi aux plus habiles Ingenieurs qui l'ayent suivi, à inventer les nouvelles constructions qu'ils nous ont données.

Il est le premier qui ait fait remarquer l'inutilité du second Flanc, dont le ménagement relevoit si fort au dessus de toutes les autres constructions la Fortification Hollandoise : C'est à luy que l'on a l'obligation

ẽ

d'avoir découvert que l'obliquité du Flanc à l'égard de la ligne de défense, avoit plus de desavantage que de commodité. C'est luy qui de tous ceux qui l'ont precedé a sçu le mieux reserver dans les Flancs du Canon à couvert des Batteries de l'Ennemi, & qui puissent néantmoins servir utilement à battre de revers dans la brêche du Bastion opposé. Enfin il est le premier qui ait sçu loger assez de Canon pour faire une resistance considerable, & pour défendre longtemps le passage du Fossé : & l'on peut dire sans rien diminuer de l'estime que l'on a pour les illustres Ingenieurs qui l'ont suivi, qu'ils n'ont presque fait que perfectionner sa construction & corriger ce qui pouvoit y avoir de defectueux dans une premiere pensée, qu'il n'eut jamais ny le temps ny l'occasion de rectifier.

Aussi tous les Ingenieurs qui veulent se distinguer dans leur Profession, & apprendre à fond les veritables & plus solides fondemens, n'ont jamais manqué d'étudier avec application ce Livre des Fortifications du Comte de Pagan, & de mediter assez les maximes qui y sont enfermées

pour se les rendre propres &
pour estre en estat de les pouvoir
appliquer en une infinité de rencontres où elles sont d'usage. Il ne faut
point d'autre preuve de l'utilité qu'ils
ont tirée de la lecture de ce Livre,
que le grand nombre qui s'en est
imprimé tant en France que dans les
Pays étrangers, & l'empressement
avec lequel on le demande tous les
jours.

C'est ce qui a fait venir la pensée
au Sieur Langlois d'en donner une
nouvelle Edition au Public : Il a un
assortiment considerable de toutes
sortes de Livres & de Figures de
Mathematique dans toutes ses parties, & dans le meilleur ordre que
l'on puisse desirer, & il y a peu de Livres
de Fortification que l'on ne trouve
chez luy, aussi bien que des Recueils
considerables de Sieges, Assauts &
prises de Ville, de Plans & de Profils
des Places fortes, des Victoires &
Conquestes du Roy, & des Princes
& Generaux étrangers : & comme ce
Livre est l'un des meilleurs que l'on
ait fait jusqu'à present sur la Fortification, il en avoit depuis long tems
acheté les Planches, afin de le donner

au Public dans une forme nouvelle
& avec des Additions qui en augmen-
taſſent conſiderablement l'utilité.

Les Notes qu'on y a faites contiennent une Critique libre de ce qu'on
a trouvé de moins exact dans le Texte
de l'Auteur ; des éclairciſſemens de
ce qui paroiſſoit obſcur , ou de ce
qui pouvoit eſtre mieux prouvé :
Enfin on y a ajoûté pour la ſatisfa-
ction de ceux qui aiment la Trigonometrie , les principes du calcul , de
la maniere de fortifier de cet Auteur,
ce qui ſembloit manquer à cet Ouvrage , & dont il n'y en avoit qu'une
partie touchée aſſez confuſément
dans ſes Theoremes Geometriques
ſur la Fortification.

On n'a pas cru devoir commenter
les Theoremes geometriques, les Notes qu'on eut pû y ajoûter n'euſſent
eſté que des demonſtrations qui auroient neceſſairement ſuppoſé la connoiſſance des Elemens de Geometrie : Mais ceux qui entendent les ſix
premiers Livres d'Euclide , ſupplée-
ront aiſément d'eux-mêmes aux demonſtrations qui y manquent , & les
mêmes demonſtrations n'auroient
ſervi de rien à ceux qui n'ont point

étudié ces Elemens.

On avoit resolu d'abord de ne rien changer au Texte de l'Auteur ny à son stile, tout ennuyeux qu'il est, à cause d'une certaine chûte de phrase, qui regne avec trop d'affectation dans tout son Ouvrage, quoique le tour periodique dont il se sert, soit beaucoup plus embarraffant qu'un discours simple & naturel, on doit ce respect aux Auteurs de n'alterer jamais par aucun changement leur maniere de parler, & les Traducteurs mêmes doivent faire ensorte que l'on reconnoisse encore le stile de leur Auteur dans la Traduction. On n'a pû neanmoins s'empêcher de changer quelques mots barbares ou obscurs, & alors on a marqué ces changemens en Italique, aussibien que ce qu'on a cru devoir ajouter pour rendre le sens intelligible & complet.

On n'a pas esté si scrupuleux à l'égard des Figures, on en a ajouté de nouvelles où l'on a cru qu'elles estoient necessaires pour faciliter l'intelligence du Texte ou des Notes, & dans les autres on a pris soin de distinguer le principal trait de la Figure, qui dans les precedentes Editions

estoit de même force que les autres
lignes. On a ombré les Fossez afin
d'en détacher le corps de la Fortification avec qui ils paroissoient confon-
dus, on en a relevé quelques-unes
en perspective sans alterer le trait
geometrique, afin de rendre plus
sensible la forme des Flancs qu'elle
n'étoit. Enfin on y a ajoûté les Profils qui y manquoient & l'on a corri-
gé les fautes des nombres qui estoient
dans les autres : On est assuré que
ceux qui compareront ces Figures
avec celles qui ont paru jusqu'à present concevront aisément combien la
dépense qu'on a faite de les faire
graver de nouveau, les rendra plus
intelligibles qu'elles n'étoient.

Au reste comme le Comte de Pagan écrivoit plutost pour les Ingenieurs, que pour ceux qui sans avoir
encore aucune teinture de la Fortification avoient envie de l'apprendre, l'on a cru qu'il estoit à propos en
faveur de ceux qui commencent, d'en
donner d'abord une idée generale
& d'en expliquer tous les Termes en
les raportant à cinq Figures, au
moyen desquelles on se peut former
tout d'un coup un Plan de la manie-

re de fortifier de noftre Auteur.

Ce Supplément pourra fuffire pour faire entendre ce Livre ; même à ceux qui commencent, en attendant qu'on imprime de nouveaux Elemens des Fortifications, dans lefquels ils trouveront dequoy s'inftruire de tout ce qu'un Ingenieur peut apprendre dans les Livres, de plus neceffaire & de plus effentiel à fa profeffion.

EXTRAIT DU PRIVILEGE
du Roy.

PAr Grace & Privilege du Roy, donné à Verfailles le treiziéme jour d'Avril 1684. Signé, Par le Roy en fon Confeil, D'ALENCE', & fcellé du grand Sceau de cire jaune : Il eft permis à NICOLAS LANGLOIS Marchand Libraire de cette Ville de Paris, de faire imprimer un Livre intitulé, *Les Fortifications du Comte de Pagan avec fes Theoremes Geometriques, augmenté de Notes & de*

Figures par le Sieur Hebert , Profeſſeur Royal és Mathematiques , pendant le temps de ſix années conſécutives , à commencer du jour qu'il ſera achevé d'imprimer; Avec défenſes à tous Imprimeurs, Libraires & autres de l'imprimer, vendre & diſtribuer ſans le conſentement dudit Expoſant, ſous les peines portées par ledit Privilege.

Regiſtré ſur le Livre de la Communauté des Imprimeurs & Libraires de Paris, le dernier jour de May 1684. ſuivant l'Arreſt du Parlement du 8. Avril 1653. & celuy du Conſeil Privé du Roy du 27. Fevrier 1665.

Signé, C. ANGOT, Syndic.

Achevé d'imprimer le 26. Decembre 1688.

TABLE

TABLE

DES ELEMENS

et) des Termes de la Fortifi-cation, ajoûtez dans cette Edition.

TABLE
DES CHAPITRES
& des Sections contenuës
en ce Livre.

CHAPITRE I.

CHAPITRE II.

CHAPITRE III.

CHAPITRE IV.

CHAPITRE IX.

CHAPITRE X.

ĩ iiĩ

CHAPITRE XVII.

IDE'E GENERALE
de la Fortification.

LA FORTIFICATION est un Art qui enseigne à disposer l'enceinte d'une Place de telle maniere que ceux qui sont destinez à sa défense, puissent par son moyen resister aux attaques d'un ennemi plus puissant qu'eux en force & en nombre.

Elle est Reguliere quand tous ses costez & tous les Angles qu'ils comprennent sont égaux, & Irreguliere quand ils sont inégaux.

Les parties qui la composent se considerent ou selon le Plan sur lequel elles sont assises, & la figure qui en represente ainsi la disposition s'appelle ICHNOGRAPHIE, telle est la premiere figure qui represente le Plan de la moitié d'un Exagone Regulier : Ou bien selon leur épaisseur & leur hauteur ou profondeur à l'égard du Rez-de-chaussée, & la figure qui sert à faire connoître ces

hauteurs & ces épaiſſeurs s'appelle
ORTHOGRAPHIE : Telle eſt la
ſeconde figure qui repreſente la Coupe perpendiculaire des Ramparts &
des Foſſez du même Exagone.

Il y a une autre maniere de repreſenter une Fortereſſe qui eſt fort en
uſage chez les Ingenieurs, qui eſt de
la deſſiner de telle ſorte que l'on en
découvre tout d'un coup le Plan &
les élevations, ce qui eſt une eſpece
de PERSPECTIVE, dans laquelle
on ſuppoſe qu'une Fortereſſe ſoit vûë
d'une diſtance infinie, en ſorte que
la ligne viſuelle faſſe avec le Rez-de-
chauſſée un Angle de 45. degrez,
tel eſt le deſſein de la troiſiéme figure.

Dans ces trois figures il ſera aiſé de
remarquer toutes les parties de la
Fortification ; & l'on pourra par le
moyen de la troiſiéme ſe former tout
d'un coup une Idée generale de celle
du Comte de Pagan, pour l'intelligence de laquelle l'on a fait cet
Abregé. L'on y va expliquer, 1°. les
Parties de l'Ichnographie ou du Plan.
2°. Celles de l'Orthographie ou du
Profil. 3°. Les Dehors ; Enfin les
pieces qui ne ſe voyent ny dans le

le Plan ny dans le Profil, & qui ne laiffent pas d'appartenir à la Fortification.

Parties de l'Ichnographie ou du Plan.
Premiere Figure.

1. *Fig. pl.* 1.

LEs parties que l'on découvre dans
un Plan font des Lignes & des
Angles, ou les efpaces compris entre
ces Lignes & ces Angles. Il y en a
qui paroiffent quand la Fortereffe eft
achevée, & d'autres qui ne paroiffent point, ou qui ne paroiffent qu'en
partie, mais qui ne laiffent pas de
fervir à la deffiner, & à trouver par
le calcul la valeur de ce qui paroît.

LES LIGNES du Plan qui paroiffent aprés l'achevement de la Fortereffe, font celles qui reprefentent
les parties des Baftions, les Courtines, les Contrefcarpes, & qui marquent les épaiffeurs des Parapets, &
des Ramparts.

BASTION, eft un grand corps
de terre le plus fouvent reveftu de
pierre ou de brique attaché au corps
de la Place, fermé du cofté de la
Campagne par 4. Lignes, & ouvert
du cofté du dedans de la Place. Telle

eſt la partie compriſe dans l'eſpace R. Q. C. H. I. il ſe fait ordinairement ſur les Angles de la figure, néanmoins quand les coſtez ſont trop longs, on ne laiſſe pas d'en faire au milieu des Courtines, & pour lors ils s'appellent Baſtions plats.

Les Lignes qui forment le Baſtion ſont les deux Faces C. H. C. Q. & les deux Flancs Q. R. H. I. Les faces ſont les pans du Baſtion les plus avancés vers la Campagne, & qui tirent leur défenſe des Baſtions voiſins.

LES FLANCS ſont les parties du Baſtion qui joignent les Faces aux Courtines, & qui ſervent à défendre ou flanquer la Courtine & les Faces des Baſtions oppoſés : Ainſi le Flanc H S. défend la Courtine I M. & la Face K B.

Flanc couvert eſt celuy dont la partie exterieure couvre l'interieure qui rentre au dedans du corps du Baſtion. Tel eſt le Flanc K L M. dont la partie K L. qui eſt la plus avancée, s'appelle l'Epaule, quand elle eſt comme en cet exemple fermée de lignes droites, ou Oreillon, quand elle eſt arondie.

Dans la partie retirée du Flanc

couvert on conſtruit des CAZE-
MATES ſur trois hauteurs & profondeurs differentes, qui ne ſont autre choſe que les Places où l'on met
le Canon; on en voit la forme dans
les Flancs des Baſtions de la troiſiéme
figure.

LE BASTION eſt double,
quand derriere le premier Rampart
on creuſe un foſſé, audelà duquel on
bâtit deux nouvelles faces de Baſtion
paralleles aux premieres : qui forment un ſecond Baſtion avec les
flancs couverts ; Tels ſont tous ceux
de la troiſiéme figure.

COURTINE, eſt la ligne
droite qui eſt entre deux Baſtions:
Telle eſt la ligne I. M.

Lors que la face d'un Baſtion étant
prolongée, va rencontrer la Courtine en un autre endroit que dans
l'Angle qu'elle fait avec le flanc du
Baſtion oppoſé, comme ſi les faces
C. H. B. K. eſtant prolongées alloient
rencontrer la Courtine aux points Z.
la partie de la Courtine compriſe entre ce point & le flanc comme Z. M.
s'appelle SECOND FLANC ou LE FEU
DE LA COURTINE.

CONTRESCARPE, n'eſt autre

chose que le bord exterieur du fossé marqué par les lignes N. P. P. O. & autres semblables du Plan ; les lignes qui sont audelà marquent les largeurs du chemin couvert & de l'Esplanade.

L'EPAISSEUR DES PARA-PETS est terminée par des lignes paralleles au principal trait du Plan : telle qu'est la ligne X Y, & celle du Rampart par des lignes plus interieures paralleles aux Courtines seulement, lors que les Bastions sont pleins, comme dans cette figure la ligne T V. & les autres : & quand ils sont vuides, ces lignes suivent par tout le trait principal de la place : l'on parlera plus au long des Ramparts & des Parapets, des Fossez & des Contrescarpes en expliquant les parties du Profil.

Voila toutes les lignes du Plan qui paroissent aprés l'achevement de la Forteresse ; les autres qui sont ponctuées dans le dessein, sont celles qui suivent.

LE POLYGONE exterieur C B est une ligne que l'on conçoit passer par la pointe de tous les Bastions.

LE GRAND DEMIDIAME-TRE A C est une ligne qui va du

centre de la figure à la pointe de chaque Baftion.

LE POLYGONE INTERIEUR FG eft la Courtine prolongée de part & d'autre jufqu'à la rencontre des Demidiametres.

LE PETIT DEMIDIAMETRE A F. eft une partie du grand Demidiametre, terminée par le centre & par les angls du Polygone interieur.

LA LIGNE CAPITALE C.F. eft la difference du grand & du petit Demidiametre

LA DEMIGORGE F.I. eft ce qui refte de part & d'autre de la Courtine jufqu'à la rencontre du Polygone interieur & du Diametre ou bien Demidiametre : C'eft la difference de la moitié du Polygone interieur & de la moitié de la Courtine.

LA LIGNE DE DEFENSE C M. eft la face du Baftion prolongée jufques à ce qu'elle rencontre l'Angle du Flanc & de la Courtine.

Lors qu'une Forterefle a un fecond Flanc, la face du Baftion prolongée jufqu'à la Courtine s'appelle Ligne de défenfe rafante, & toutes les autres qui fe peuvent tirer de plus loin fur la même face du Baſtion, s'appellent Lignes de défenſe fichante.

Il en eſt des A N G L E S qui paroiſſent ſur le Plan comme des Lignes. Il y en a qui paroiſſent encore aprés l'achevement de la Fortereſſe, & il y en a d'autres qui ne ſe voyent que ſur le deſſein.

Les Angles qui paroiſſent aprés que la Fortereſſe eſt achevée, ſont l'ANGLE FLANQUE' Q.C.H. qui ſe fait par la rencontre des deux faces du Baſtion.

L'ANGLE DE L'EPAULE C.H.I. qui ſe forme par la rencontre de la face & du flanc du Baſtion.

L'ANGLE DU FLANC H.I.M. qui ſe forme par le concours du Flanc & de la Courtine.

L'on peut encore remarquer les Angles ſaillans & rentrans de la Contreſcarpe. Les premiers ſont ordinairement égaux aux Angles flanqués auſquels ils répondent, & les autres ſont égaux aux Angles flanquans ou de la Tenaille, dont on va donner l'explication.

Les Angles qui ne paroiſſent que ſur le deſſein & qui ne ſervent qu'à tracer la Fortereſſe & à calculer la valeur de ſes parties, ſont

L'Angle du Polygone B C D qui ſe forme de la rencontre de deux coſtez du Polygone. Quand les Baſtions ſont pleins, l'Angle que font les Ramparts, au mileu des Gorges des Baſtions eſt égal à l'Angle du Polygone.

L'Angle au Centre B.A.C. qui naiſt de l'interſection de deux Diametres au milieu de la Fortereſſe.

L'Angle flanquant interieur H.I.D. qui ſe fait par la rencontre du Flanc de la Ligne de défenſe.

L'Angle de la Tenaille C.S.D. que le Comte de Pagan & quelques autres appellent l'Angle flanquant, vient de la rencontre de deux Lignes de défenſe.

L'Angle diminué H.C B qui eſt formé par le concours du Polygone exterieur, & de la face du Baſtion du même coſté, ou pour le definir autrement il eſt la difference de la moitié de l'Angle du Polygone, & de la moitié de l'Angle flanqué.

Parties de l'Orthographie ou du Profil.

Seconde Figure.

Dans la premiere planche.

L'On a déja dit que la figure qui
sert à faire connoître les hauteu s
& les épaisseurs de la Fortification,
s'appelle ORTHOGRAPHIE ou
PROFIL, ainsi ce ne peut estre autre
cho e que 'a Coupe perpendiculaire
de toutes ces hauteurs & épaisseurs,
telle qu'est cette seconde figure,
dans laquelle X B represente le
niveau du Terrain ou la hauteur du
Rez-de-chaussée, ainsi tout ce qui
est au dess s de cette Ligne, doit estre
consideré comme estant élevé sur le
Terrain, & ce qui est au dessous represente
ce qui est creusé dans le
même Terrain.

Tout le Rampart avec son Parapet
& ses Banquettes est contenu entre
ces Lettres A. I. L E. B, dont les parties
quant au Profil sont

A B. Le p ed ou la Baze du Rampart.

A C. Le Talut interieur.

G K. Le Talut exterieur.

C L Hauteur du Rampart.

D E Largeur du Terreplein.

H D. Base du Parapet.

EF Banquettes

E F. Banquettes.

F D. Hauteur du Parapet.

F G. Largeur du Parapet.

H. Cordon.

G K. Escarpe du Rampart.

L'on appelle Chemise la muraille dont on soutient le Rampart dans les Places qui sont revestuës.

Le Fossé est tout cet espace qui est creusé au dessous du Rez-de-chaussée depuis B jusques en N. dont les parties sont

N B. est la largeur du Fossé.

M R. est la hauteur ou profondeur du même Fossé.

G K. Escarpe du Fossé.

N M. Contrescarpe.

L. est un second Fossé que l'on creuse dans les Fossez secs au milieu du premier, & que l'on appelle ordinairement Cunette.

Au delà du Fossé est un Corridor ou le chemin couvert N Q. avec son Parapet & sa Banquette dont les parties sont

N Q. Largeur du chemin couvert.

O. Banquette du chemin couvert.

O. P. Hauteur du Parapet du chemin couvert.

O. Q. Baze du Parapet.

P Q Glacis ou Esplanade.

Des Dehors. Troisiéme Figure.

3. Fig. 2. pl.

DEHORS ou Ouvrages exte-
rieurs sont des pieces détachées
de l'enceinte principale de la Fortification, dont l'usage est, ou de multiplier la défense, ou de couvrir quelque piece de la Forteresse, ou de
défendre quelque lieu dont il est important que l'ennemi ne se rende pas
aisément le maistre. Il y en a d'une
infinité de façons, chaque Ingenieur
en ayant inventé à sa maniere & en
ayant construit de differentes formes,
selon les usages ausquels il vouloit les
faire servir, mais les plus ordinaires
& les plus en usage sont ceux qui
suivent.

FAUSSE-BRAYE, est une seconde enceinte de terre parallele à la
principale & plus basse qu'elle, dont
l'usage doit estre de défendre le fossé
& de doubler la défense. Cet Ouvrage qui a esté principalement pratiqué
par les Hollandois, n'est plus en u'a-
ge, du moins à l'endroit des faces.

TENAILLONS, sont des Flancs
joints par une Courtine que l'on con-

struit dans le fossé, paralleles aux
Flancs des Bastions pour la défense
du Fossé, ils tiennent lieu de Fausse-
braye, & l'on en tire beaucoup mieux
tous les avantages que l'on attendoit
de ce premier Dehors, qui outre cela
a le desavantage d'estre incompara-
blement d'une plus grande dépense
& de plus difficile garde. On en voit
un exemple dans la figure 7. page 231.
de ce Livre.

DEMILUNES ou RAVELINS
font des Ouvrages dont la figure
quoique quadrilatere approche neanmoins du triangle, qui se font dans
le fossé au devant des Courtines pour
les couvrir aussi bien que les flancs
des Bastions voisins. Il y en a quelques-unes qui ont des flancs, & que
pour lors on appelle Demilunes ba-
stionnées, ou Bastions separez.

CONTREGARDES, font des Ouvrages qui se font dans le fossé au
devant des Bastions dont les faces
font paralleles à celles des Bastions
qu'elles couvrent.

OUVRAGES A CORNE, font
de grandes pieces que l'on avance
vers la Campagne pour occuper
quelque hauteur, pour couvrir quel-

que partie foible de la Place ou pour
en éloigner l'ennemi.

Il y en a de simples qui n'ont au
devant qu'un Angle rentrant, & on
les appelle TENAILLES. D'autres,
qui font les meilleures, ont au devant & du cofté qui regarde la Campagne deux demi Baftions.

On donne à ces Ouvrages de differens noms, felon que leurs coftez
font differemment difpofez. Car lors-
qu'ils font paraleles, on les appelle
fimplement CORNES ou TE-
NAILLES. Quand leurs coftez
vont en s'approchant du cofté de la
Place, on les appelle OUVRAGES
A QUEUE D'IRONDELLE; &
quand au contraire ils vont en s'approchant du cofté de la Campagne,
on les nomme Ouvrages à contre-
queuë d'Irondelle.

CORNICHONS, ne font autre
chofe que de petits Ouvrages à
Corne.

COURONNES, ou Ouvrages à
Couronne, font des Dehors dont les
ufages font les mêmes que des Ouvrages à Corne, leurs coftez ne font
jamais paralleles, mais vont en étre-
fillant du cofté de la Place, ils ont

dans leur front qui regarde la Campagne, un Bastion entier & deux demi Bastions, tel est le grand Dehors D. de la troisiéme figure : on s'en est servi à Valenciennes pour occuper une grande hauteur, & à Ipres pour enfermer un Port.

Ouvrage à Corne couronné, n'est autre chose qu'un Ouvrage à Corne, au devant duquel il y a un Ouvrage à Couronne.

Au devant des Courtines des Ouvrages à Corne & à Couronne, on met quelquefois des RAVELINS ou Demilunes, dont l'usage est le même que de celles qui se placent au devant des Courtines de la principale enceinte.

Il faut remarquer que tous ces Dehors doivent estre plus bas que le corps de la Place, & que ceux qui en sont les plus proches doivent commander les plus éloignez ; ils ont tous des Parapets du costé de la Campagne, & sont découverts du costé de la Place, ils ont aussi chacun leur fossé qui communique avec celuy de la Place, aussi bien que leur chemin couvert qui se continuë avec celuy de la principale enceinte.

Outre toutes ces Pieces qui se voient dans le Plan ou dans le Profil d'une Place, & qui en sont les principales parties, il y en a d'autres qui ne s'y voient point, & qui ne laissent pas d'appartenir à la défense, d'autres appartiennent à l'attaque, & d'autres enfin sont particuliers à l'Artillerie. Et parce que les Termes dont on se sert pour exprimer toutes ces pieces pourroient embarrasser ceux qui commencent, on a crû qu'il estoit à propos de l'expliquer en cet endroit.

Des Pieces qui regardent la Défense.

Quatriéme Figure.

PLACES D'ARMES, sont des endroits spacieux ménagez dans plusieurs endroits de la Forteresse, mais principalement vers le milieu, à l'endroit des Portes, & vers les gorges des Bastions pour assembler les Troupes.

CORPS-DE-GARDE, sont les lieux où se retirent les Troupes destinées pour défendre quelque poste.

CAPONNIERE, est un travail ou logement que l'on creuse

quatre ou cinq pieds dans terre, &
dont les coftez font environ deux
pieds plus élevés que le Rez-de-
chauffée ; on le couvre de planches
chargées de terre, & on le fait capable de contenir quinze ou vingt
Moufquetaires qui font leurs déchar-
ges par des meurtrieres ou petites
embrazures, qui font pratiquées dans
fes coftez, on les conftruit fur les Glacis ou dans les Foffez fecs.

COFFRE, eft une profondeur
particuliere creufée dans le fond d'un
foffé fec, tirée par la largeur du même foffé de l'un des coftez à l'autre,
& couverte par des Soliveaux qui
font élevez de deux pieds au deffus
du fond du foffé. Il fert à faire feu
fur l'Affiegeant quand il entreprend
le paffage du foffé, fa largeur eft de
15. à 18 pieds, & fa profondeur de
fix à fept, fa feule longueur le diftin-
gue de la Caponniere.

EMBRAZURES, font les
ouvertures d'un Parapet pour le paffage du boulet des pieces de l'Artillerie : Elles font élevées de trois pieds
fur la platte-forme, & d'un pied &
demi du cofté de la Campagne, leur
ouverture eft par dehors de fix à

sept pieds, & de trois par dedans.

MERLON, est la partie du Parapet comprise entre deux embra-zures.

CAZERNES, sont de petites Chambres qu'on fait ordinairement entre le Rampart & les Maisons d'une Ville de guerre, pour loger les Soldats à la décharge du Bourgeois.

PONT LEVIS, est celuy qui se hausse du costé de la Place par le moyen de deux chaînes de fer attachées à des pieces de bois appellées Fleches.

ORGUES, sont de longues & grosses pieces de bois détachées l'une de l'autre, & suspenduës par des cordes au dessus des Portes d'une Ville, afin qu'en cas de quelque entreprise faite par l'ennemi, on puisse les faire tomber & fermer le passage.

HERSE ou SARAZINE, est une porte à treillis ou barreaux, qui se met au dessus d'une Porte de Ville, & qui y est suspenduë à une corde, que l'on coupe pour se garantir de quelque surprise, & des effets du Petard.

PALISSADES, sont des

pieux

ll
es
tt
e
y
n
es
es
es
es
le
le
m
le
de
le
ts
es
ix

1. Porte pour entrer dans la Cazemate . 2. Place basse ou Cazemate
3. Merlons . 4. Embrazures 5. Descente au fossé par l'Orillon . du
Bastion . 6. Rampart du Bastion . 7 Banquette. 8 Parapet. 9 Flanc
a Orillon quarré. 10. Hauteur du Parapet. 11. Cordòn. 12. Faces
du Bastion. 13. Talu. 14. Coffre. 15 Losement sur le chemin couvert
A. Porte avec Orgues. B. Pont levis. C. Sarrazine Herse, ou Machicolis.
D. Courtine. E. Glacis du Parapet. F. Grand fossé sec. G. Vuide de la
demi-lune. H. Rampart de la demi-lune. I. Parapet non revetu.
K Fraizes. L. Petit Fossé sec. M Retranchem.t a la pointe de la Demi-lune
N. Bresche. O Chemin couvert. P. Palissades. Q. Glacis, ou Esplanade.
LES PIECES QUI REGARDENT LA DEFENCE
Figure 4
Planche Page 49

Pieux ordinairement épais de huit à
neuf pouces, & longs à peu prés de
huit pieds dont il y en a trois en terre.
On paliſſade les avenuës de tous les
poſtes qui peuvent eſtre emportés
d'emblée , mais principalement le
fond du foſſé & le parapet du chemin
couvert.

FRAISES , ſont des pieces de
bois longues de ſix à ſept pieds, dont
on enfonce le tiers ou la moitié dans
la muraille des Places de Guerre , un
peu au deſſous du Cordon , & dans
les Places non revétuës , on les
plante dans la partie exterieure du
Rempart vers le pied du Parapet :
elles empêchent les eſcalades & les
deſertions , mais pour cela il faut
qu'elles panchent vers le bas de telle
ſorte qu'on ne puiſſe marcher deſſus
ſans gliſſer.

CHEVAL DE FRISE ou
HERISSON , eſt une Barriere faite
d'une ſeule poutre armée de quantité de pointes de fer , qui ſert à fermer à la haſte quelque paſſage.

CHAUSSE-TRAPES,
ſont des cloux à quatre à cinq pointes , dont il y en a toûjours une en
l'air , chaque pointe longue de quatre

à cinq pouces, on les seme sur une brèche ou sur un passage de la Cavalerie ennemie pour le luy rendre difficile.

DES PIECES QUI REGARDENT *l'Attaque*.

Cinquiéme Figure. 4. *pl.*

CAMP, est un espace destiné pour le logement d'une Armée divisé en plusieurs Quartiers, & environné de Retranchemens, Redoutes & autres Ouvrages de Campagne.

Parc de l'Artillerie, est le quartier destiné pour loger l'Artillerie & les munitions de Guerre.

Quartier des Vivres, est l'endroit du Camp destiné pour contenir les munitions de bouche.

APPROCHES, sont les travaux, par le moyen desquels on avance vers une Place assiegée, tels que sont la Tranchée ou les épaulemens sans Tranchée, les Redoutes, la Galerie, & les Logemens.

TRANCHE'E, est un travail qui se fait par l'Assiegeant pour gagner à couvert le fossé & le corps de la Place. Quand les terres se peu-

[illegible]

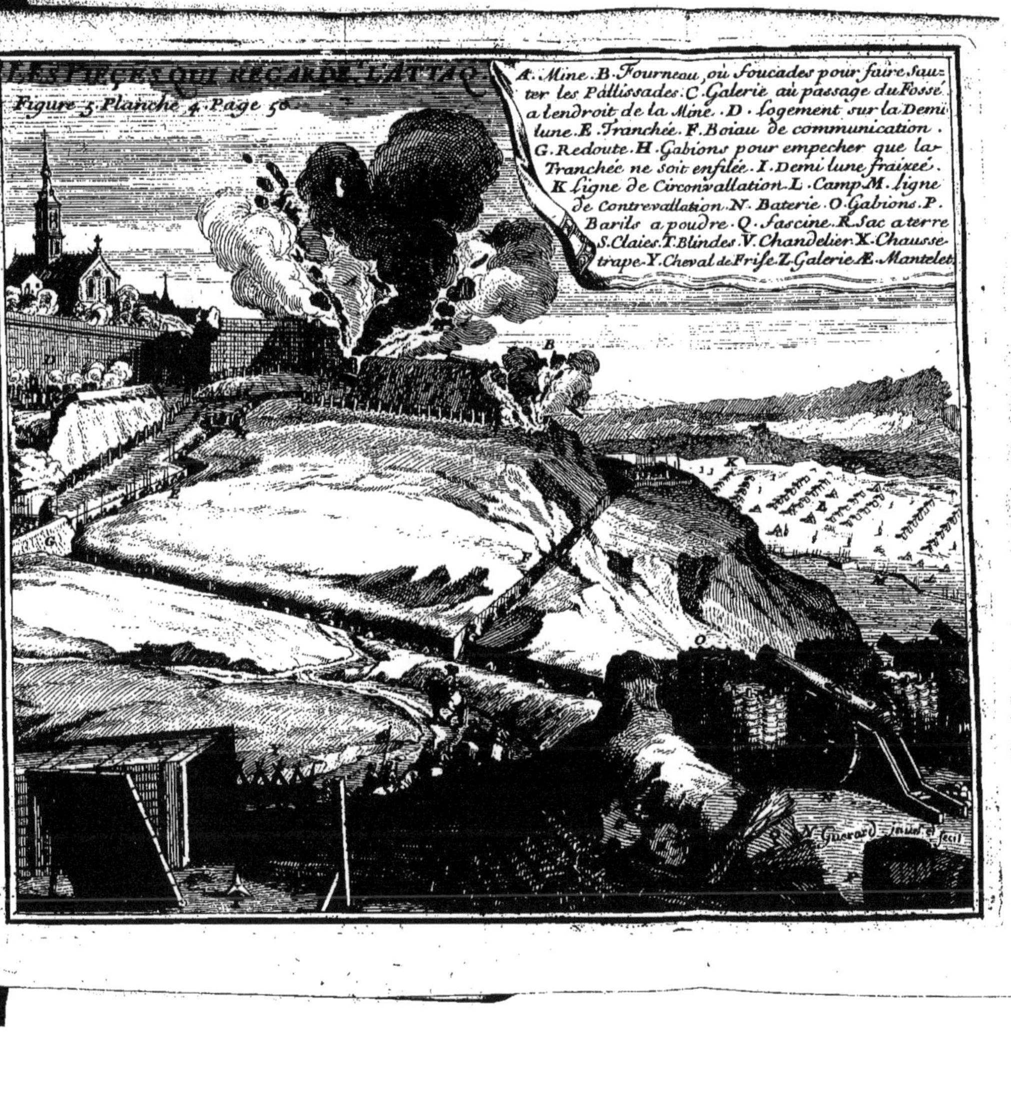

LES PIECES QUI REGARDE L'ATTAQ
Figure 5. Planche 4. Page 56.
A. Mine. B. Fourneau, ou Foucades pour faire sauter les Palissades. C. Galerie au passage du Fossé a l'endroit de la Mine. D. Logement sur la Demi lune. E. Tranchée. F. Boiau de communication. G. Redoute. H. Gabions pour empecher que la Tranchée ne soit enfilée. I. Demi lune fraixée. K. Ligne de Circonvallation. L. Camp. M. Ligne de Contrevallation. N. Baterie. O. Gabions. P. Barils a poudre. Q. Fascine. R. Sac a terre. S. Claies. T. Blindes. V. Chandelier. X. Chausse trape. Y. Cheval de Frise. Z. Galerie. Æ. Mantelet.

ve
cre
con
d'e
ron
Tr
ne
lai
tée
per
de

pa
ch
ter
Tr
att

de
de
co
ch
ren

l'o
l'e

n'
fo
la

vent remuer la Tranchée est un fossé creusé dans les mêmes terres, on la conduit par retours pour l'empêcher d'estre enfilée; mais quand les environs de la Place sont de roche, la Tranchée est une élevation de fascines, facs à terre, gabions, balots de laine, épaulemens de terres rapportées, & generalement tout ce qui peut couvrir l'Assiegeant sans faire des éclats.

BOYAU, est une ligne ou fossé particulier qui se separe de la Tranchée pour aller enveloper differens terrains, ou pour communiquer d'une Tranchée à l'autre quand on fait deux attaques proche l'une de l'autre.

REDOUTE, est un petit fort de figure quarrée, qui sert de Corps de Garde & assure la circonvallation, contrevallation, & les lignes d'approche. On en fait quelquefois à chaque retour de la Tranchée.

BATTERIE, est un poste où l'on loge le Canon pour tirer sur l'ennemi.

CIRCONVALLATION, n'est autre chose qu'une ligne ou un fossé que les Assiegeants font hors de la portée du Canon de la Place, &

qui regne autour de leur Camp pour
l'affurer contre les fecours.

CONTREVALLATION, eft
une ligne ou foffé bordé d'un parapet du cofté de la Place, dont les
Affiegeans fe couvrent pour arrefter
les forties de la Garnifon.

GABIONS, font des paniers de
cinq à fix pieds de hauteur fur quatre
de diametre, on les emplit de terre
pour fe couvrir contre l'ennemi, tantoft en fervant de Merlons pour des
Batteries, tantoft pour faire des logemens fur quelques poftes, ou bien
enfin pour fervir de parapet aux
lignes d'approche, quand on ne peut
creufer la Tranchée.

FASCINES, font des fagots de
menuës branches, qui fervent ou
pour brûler quelque travail de l'ennemi, ou pour faire des épaulemens,
ces dernieres doivent avoir deux à
trois pieds de diametre & quatre pieds
de longueur.

CHANDELIER, eft un entaf-
fement de Fafcines rangées fur deux
poutres paralelles qui portent chacune deux pieces de bois à leurs extremitez, élevées à Angles droits pour
foutenir dans leur intervalle des ran-

gées de Fascines. Il sert de Parapet & couvre les Travailleurs.

BLINDES, sont des pieces de bois mises de travers d'un des costez de la Tranchée à l'autre pour soutenir des fascines ou des clayes chargées de terre, & couvrir les Travailleurs par dessus, ce qui se pratique d'ordinaire quand la Tranchée est vers le Glacis, & que la Tranchée se pousse de front vers la Place.

MANTELETS, sont de grosses planches portées debout sur des roües, & revétuës ordinairement de fer blanc, que les Travailleurs font rouler devant eux pour se couvrir contre l'ennemi.

GALERIE, est une petite allée de charpente posée dans le fossé & couverte de tous costez de planches chargées de terre pour passer le Mineur & resister aux feux d'artifice & aux pierres que l'ennemi jette dessus.

MINE, est une ouverture dans le mur ou dans les terres que l'on veut faire sauter par l'effet de la poudre ; on y considere la Galerie & la Chambre. La Galerie est le premier conduit qui se fait sous terre, & qui n'a pour largeur & hauteur que l'es-

pace neceſſaire à un homme qui tra-
vaille à genoux. La Chambre eſt un
reduit à l'extremité de la Galerie qui
ſert à mettre les poudres deſtinées à
faire ſauter ce qu'on ſe propoſe.

FOURNEAU, eſt un reduit ſoû-
terrain beaucoup plus petit qu'une
Mine, & qui ſelon l'occaſion & la
nature des terres eſt conduit tantoſt
de haut en bas, tantoſt de bas en
haut ou de niveau.

FOUGADE, eſt un petit fourneau
fait en forme de puits large à peu prés
de huit à dix pieds & profond de dix
à douze, qu'on charge de barrils ou
ſacs de poudre, & que l'on prepare
ſous un poſte que l'on craint de perdre : la poudre eſt recouverte de terre,& on y donne le feu par le moyen
d'une ſauciſſe qui va répondre à
quelque autre poſte.

DES PRINCIPALES PIECES
de l'Artillerie.

Sixiéme Figure. 5. *pl.*

CANON, eſt une arme à feu
de fonte ou de fer de figure
longue arondie & concave, &
dont la charge eſt de poudre & de
boulet ou à cartouche. Ses principa-

A. Baterie de Mortiers. B. Camp. C. Baterie enterrée. DE. Lit de planches et de Clayes. F. Epaulement où la Cavalerie
se met a couvert. G. Canon armé. H. Combleau. I. la Lanterne, le Fouloir, l'Ecouvillon. K. Affust. L. Baquet où l'on met de
l'eau pour rafraichir la piece. M. Petard avec son Madrier. N. Balle ramée. O. Boutefeu. P. Fronteau de mire. Q. Coin de
mire. R. Cartouche. S. Carcasse. T. Bombe. V. Grenades. X. Chaussetrape. Y. Affust du Mortier. Z. Mortier. AA. Maniere de
donner l'élevation avec le demi-Cercle pour le jet des Bombes. BB. Mesche. CC. Boulets.
LES PRINCIPALES PIECES DE L'ARTILLERIE
Page. 54.
Figure 6. Planche 5.

ies
qu
ne
LE
ri
V
N
lo
e
o
L
n
L
r
n
f

ies parties font : LES TOURILLONS, qui font les deux bras ou pivots deſti-nez à balancer le Canon ſur l'Affuſt. LE NOYAU eſt toute la partie inte-rieure & concave de la piece. LA VOLE'E ou L'AME, eſt la partie du Noyau compriſe depuis les Touril-lons juſques à la bouche. LA CULASSE eſt l'épaiſſeur du métail depuis le bas ou fond du Noyau juſqu'au bouton. LE BOURELET, eſt le renflement du métail le plus proche de la bouche. LA LUMIERE, eſt une ouverture qui répond à la charge, & qui par le moyen de l'amorce ſert à luy donner feu.

Les Inſtrumens dont on ſe ſert pour charger & tirer le Canon, ſont la Lanterne, l'Ecouvillon, le Fouloir, le Boutefeu, le Fronteau & le Coin.

LA LANTERNE ou Chargeoir, eſt compoſée d'une longue hampe qui porte au bout une cuiliere de métail, dont la capacité ſe regle ſur la quan-tité de la poudre dont on charge le Canon.

L'ECOUVILLON, eſt compoſé d'une longue hampe dont le bout eſt garny de laine ou de drapeaux, tant pour nettoyer la volée quand on y a mis la poudre, que pour rafraîchir la piece quand elle est échauffée.

FOULOIR, est une ustencille qui sert à bourer quand on charge le Canon.

BOUTEFEU, est un baston qui porte à une de ses extremitez une fourchette ou un double serpentin, garni d'une méche allumée par les deux bouts pour porter le feu.

FRONTEAU de Mire, est un morceau de bois ou de fer taillé en ceintre sur la rondeur du Canon, qui s'applique sur le colet, & sert au Canonier qui veut pointer sa piece pour conduire un rayon visuel parallele à la volée.

COIN de Mire, est un gros coin de bois garni d'un manche, que le Canonier met entre l'Affust & la piece, & qu'il avance ou recule selon qu'il veut prendre differentes mires.

AFFUST, est une espece de chariot étroit & renforcé, pour monter & conduire les pieces d'Artillerie, & en faciliter l'execution. Il est composé de deux longues pieces de charpente que l'on appel'e flasques, entretenuës l'une avec l'autre par d'autres pieces de bois appellées entre-

toiſes. Vers l'extremité où le Canon
eſt logé il y a deux entailles appellées le jour du tourillon, deſtinées
à placer le Tourillon du Canon.
L'Affuſt logé ſur une Batterie n'eſt
monté que ſur deux rouës, mais
quand il marche en campagne on y
ajoute un Avanttrain, c'eſt à dire
deux autres rouës ſur le devant,
moindres que celles de derriere.
L'Affuſt des Mortiers eſt monté ſur
quatre rouës qui ſont tout d'une
piece ſans rayes. Les Canons des
Vaiſſeaux & des Cazemates ont de
ces ſortes d'Affuſt.

CARTOUCHE, eſt un rouleau
creux en maniere d'eſtuy de carton,
pour enfermer des bales, des bouts
de chaînes & de la menuë ferraille,
dont on charge le canon quand on
veut le tirer de prés.

BOMBE, eſt un boulet de fer qui
eſt creux, chargé de poudre & garni de deux anſes à coſté de la lumiere.

CARCASSE, eſt une machine à
feu & une eſpece de Bombe, compoſée de deux ou trois grenades &
de pluſieurs bouts de canon, de pi-
ſtolets chargez & enveloppés avec

les grenades dans une masse d'étoupes trempées dans une composition de matieres combustibles, tout cela est enfermé dans une espece de lanterne & enveloppé d'une toile gauderonnée : elle se tire à la maniere des Bombes dans les lieux que l'on veut brûler.

GRENADE, est une petite boule creuse ordinairement de fer, remplie de poudre fine, qui prend feu par une fusée mise à la lumiere : elle se jette à la main dans les portes où les Soldats sont pressez, particulierement dans la Tranchée & dans un logement de l'ennemi.

MORTIER, est un gros canon court propre à jetter des Bombes, des Carcasses ou des pierres. Il est monté sur un Affust dont ont a déja donné la description.

PETARD, est une machine de métail, creusée & faite à peu prés comme la forme d'un chapeau, profonde environ de sept pouces, large par la bouche à peu prés de cinq. Aprés l'avoir chargée de poudre fine & bien battuë, on la couvre d'un Madrier qu'on y attache avec des cordes passées dans des anses qui

font au colet du Petard. On applique le Petard pour rompre les portes & les barrieres des Places que
l'on veut furprendre. On s'en fert
aufli dans les contremines pour per-
cer les Galeries de l'ennemi & éventer la Mine.

Voilà à peu prés les Termes principaux qui pourroient arrefter ceux
qui commencent à étudier les Fortifications ; Mais comme on a deffein
d'en donner icy une idée generale,
ce n'eft pas affez d'en avoir expliqué les Termes , il faut encore en
propofer les principes fondamentaux,
c'eft pourquoy on n'a pû fe difpenfer
d'ajoûter les Maximes fuivantes , qui
font univerfellement receuës de tous
les Ingenieurs.

MAXIMES GENERALES
des Fortifications.

1. QU'IL n'y ait en toute l'enceinte de la Place aucun endroit qui ne soit vû, & défendu de costé de plus d'endroits qu'il se pourra.

La raison de cette Maxime est que la vehemence du canon ayant obligé d'augmenter l'épaisseur des Parapets, qui auparavant n'étoient que de simples murailles, & ayant rendu les Machicoulis inutiles, il a esté impossible de se defendre de front; ainsi la défense laterale est devenuë absolument necessaire.

Dans toutes les Places que le Roy a fait fortifier, non seulement on a observé exactement cette Maxime, mais par la construction des Redoutes, Cornes, & autres Ouvrages avancés, on a encore trouvé le moyen de battre l'enne-

mi par derriere, ce qui eſt un avantage tres-conſiderable , car l'ennemi étant obligé de ſe couvrir de
tous côtez , ſes ouvrages en ſont
beaucoup retardés, & ce retardement a ſouvent de fâcheuſes ſuites.

Cette Maxime eſt de telle conſequence qu'une Place ne vaudroit
rien , dans l'enceinte de laquelle
il y auroit un endroit où un ſeul
ennemi puſt demeurer ſans eſtre
veu, un homme ſeul eſtant capable de faire un grand chemin à
pluſieurs autres,

2. Que la ligne de défenſe n'excede jamais la portée du mouſquet , qui eſt de 120. à 135. toiſes,
depuis l'angle du flanc , juſqu'à
juſqu'à l'angle flanqué,

Cette Maxime eſt une ſuite de la
precedente , car il eſt également
pernicieux qu'une partie de l'enceinte ſoit hors de la portée des
armes qu'on employe pour la défendre , ou que cette même partie ne ſoit ny veuë ny flanquée ;

or il eſt certain que la principale
défenſe conſiſte dans le Mouſquet, puis qu'il ne ſeroit pas difficile d'en approcher, ſi l'on n'en
pouvoit eſtre chaſſé qu'à coups
de Canon.

M. de Vauban la pouſſe neant-
moin juſqu'à 150. toiſes, mais il fait
des Tenaillons au devant de la
courtine qui ont des ſeconds flancs
où il place ſes Mouſquetaires, re-
ſervant l'uſage du grand flanc à
la défenſe du Canon; & ainſi ces
ſeconds flancs ne ſont éloignés
de l'angle flanqué que de la portée du Mouſquet.

3. Que la Place ſoit également
fortifiée par tout, parce que s'il y
avoit quelque endroit conſiderablement foible, il ſeroit inutile
qu'elle fuſt bien fortifiée d'ailleurs, dautant que l'ennemi ne
manquera jamais d'attaquer la
Place par ſon foible.

4. Que toute l'enceinte de la
Place & toutes ſes parties, tant

celles qui défendent que celles qui font défenduës, foient à l'épreuve du Canon.

Cette Maxime eſt naturellement connuë ; car il eſt évident qu'il faut proportionner la force de la defence à la violence des armes qui fervent à l'attaquer.

5. Que les parties les plus proches du centre de la Place commandent les plus éloignées.

Car par ce moyen la Garnifon poura toûjours découvrir ce qui fe paſſe autour de la Place, fans pouvoir eſtre découverte par l'Aſſiegeant.

6. Que tous les Angles flanqués tant des Baſtions que des autres Ouvrages, ne foient jamais moindres de 60. degrez.

Cette Maxime eſt une fuite de la quatriéme, car des Angles trop aigus font aifément ruinés à coups de Canon.

7. Que les parties flanquantes foient les plus grandes qu'il fe

pourra fans prejudicier d'ailleurs à la Place, car plus ces parties feront grandes, & meilleure fera la défenfe.

8. Les Places qui enferment autant de terrain que les autres avec moins de Baftions bien flanquez & bien défendus font preferables aux autres,

Parce qu'outre qu'elles coûtent moins à bâtir, il faut moins d'hommes pour les garder.

Outre ces Maximes generales & effentielles, fur lefquelles eft fondé l'Art de fortifier, chaque Auteur a les fiennes particulieres; mais outre qu'on ne doit propofer pour Maxime que ce qui eft univerfellement receu, on eft obligé de referver la difcution de tous ces fentimens pour un Traité complet de Fortifications, que nous donnerons en bref.

PREFACE

PREFACE

DU COMTE

DE PAGAN.

LES occupations de la Cour, les voyages des Armées, les divertiſſemens de Paris, & les entretiens des Sciences, ne m'avoient point encore permis d'achever cet Ouvrage des Fortifications, ny d'en communiquer toutes mes penſées à ceux qui deſiroient en avoir de plus parfaites connoiſſances. Maintenant je romps ces difficultez, & pour ſatisfaire à la

*

curiofité de tant d'illuftres per-
fonnes , je ne refufe plus de
commettre ces productions de
mon efprit aux douteux evene-
mens d'une publique cenfure. Les
Opinions font fi diverfes parmy
les hommes, mes raifonnemens fi
mediocres , & les veritez fi peu
faciles à trouver , que je n'eftime
pas devoir meriter plus de blâme
que d'excufe en cette entreprife.
Si la Science des Fortifications
eftoit purement Geometrique ,
fes Regles en feroient purement
démontrées : mais comme elle a
pour objet la matiere , & pour
principal fondement l'experience,
fes plus effentielles Maximes ne
dépendent que de la conjecture.
Mon deffein n'eft donc pas de
montrer où l'artifice des hommes
peut conduire cet Art, mais d'a-
jouter aux inventions de tant de
grands Capitaines , & de tant
de celebres Auteurs , des nou-

veaux avantages pour la défenſe des Places. Toute l'Europe s'étonne aujourd'huy de leur peu de reſiſtance, les plus fortes ne durent pas plus de ſix ſemaines, les meilleures ne ſe peuvent conſerver ſans le voiſinage d'une Armée, & l'on ne demande plus pour les attaquer, ſi elles ſont bonnes, mais ſi la circonvallation s'en peut achever devant que l'ennemi ſoit en preſſe. A des inconveniens de ſi grand prejudice aux Eſtats, perſonne ne s'eſt encore efforcé d'apporter des remedes ; tout le monde en prevoit les dangers, pluſieurs en ſentent les pertes, & comme ſi cette ſcience eſtoit en ſa perfection, nul ne s'eſt encore perſuadé d'en pouvoir ſurmonter les bornes par ſon induſtrie. Puis donc que le Public peut recevoir de l'utilité de mes longues experiences, & que les meditations de mon eſprit

peuvent contribuer au repos & à
la seureté de diverses Provinces,
il n'est pas raisonnable de cacher
plus long-tems ces nouvelles Fortifications que je commence à
vous décrire en peu de paroles.

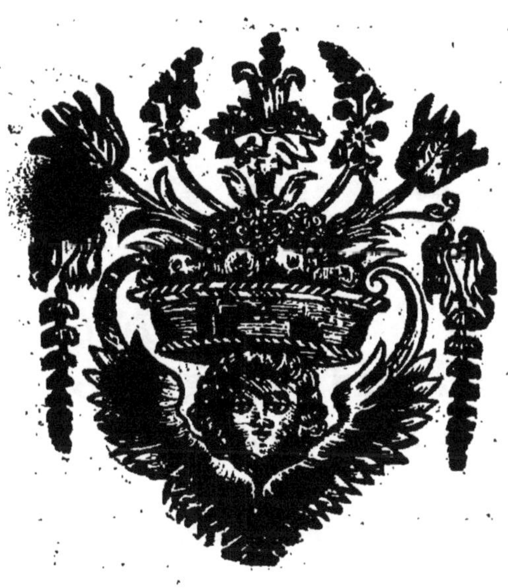

LES

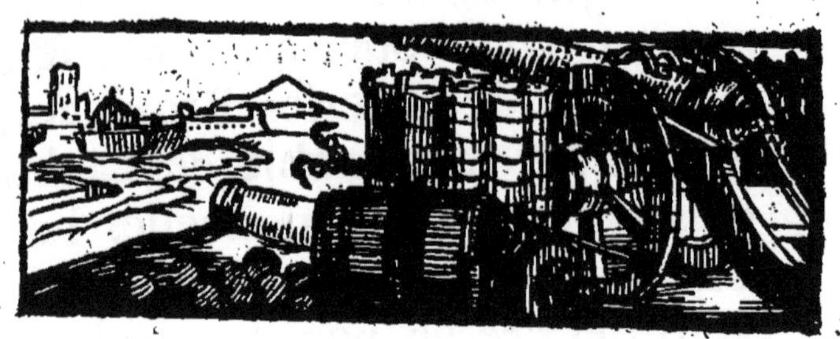

LES FORTIFICATIONS DU COMTE DE PAGAN,

AVEC LES NOTES de Mr HEBERT Professeur Royal de Mathematique.

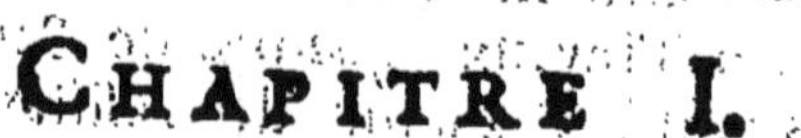

CHAPITRE I.

Des Fortifications en general.

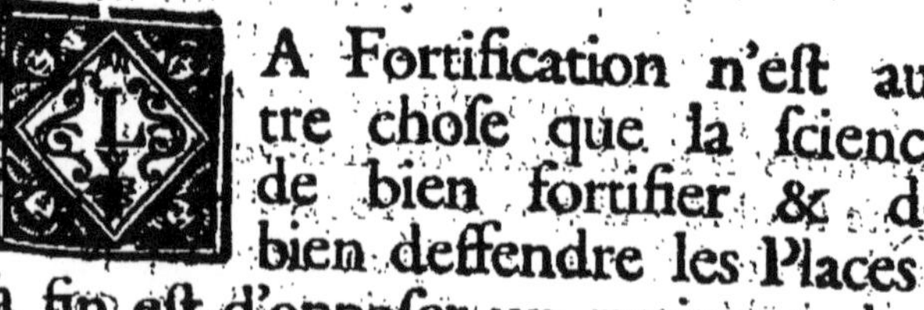

A Fortification n'est autre chose que la science de bien fortifier & de bien deffendre les Places : sa fin est d'opposer un petit nombre

A

de Soldats aux puissans efforts des
plus grandes Armées, & de con-
ferver dans un paisible repos les
Habitans qui remplissent les Villes.
2 (2) Au commencement les plus bel-

NOTES.

1. IL semble que par cette definition l'Autheur ne veuille entendre par le nom
de Fortification, que l'une de ses parties qui
regarde la deffense, quoique tous ceux qui ont
traitté de cette Science y ayent aussi compris
l'attaque. En effet le devoir de ceux qui en
font une profession particuliere, & que l'on
appelle Ingenieurs, ne se renferme pas dans
la seule deffense, & ils ne trouvent pas moins
dans leur Art les regles de bien attaquer, que
de se bien deffendre, neanmoins il est vrai de
dire que cette Science dans toute son étenduë
n'a point d'autre fin que celle qu'il lui donne
qui est de pouvoir avec peu de monde resister
aux attaques d'un plus grand nombre, ou, ce
qui est la même chose, de faire en forte par le
moyen des Travaux, que peu de Soldats bien
couverts fassent autant de resistance qu'un
plus grand nombre destitué de ce secours. Il
sera aisé de reconnoistre dans la suite que
toutes les especes de Travaux même dans
l'attaque n'ont point d'autre utilité.

2. Ce qu'il dit des motifs qui ont obligé les
hommes à se fortifier est tres-veritable, mais
il ne semble pas que le progrez qu'il fait faire à cette Science soit bien naturel: je croirois plustôt que la premiere chose que les

les Campagnes estoient les plus agrea-
bles demeures, l'assûrance des particuliers consistoit en l'innocence de tous,
& les vertus & les vices n'admet-
toient point encore de difference parmi les hommes ; mais lorsque l'avarice & l'ambition donnerent lieu aux
Commandemens, & aux Conquê-
tes, la foiblesse cedant à la force,
l'oppression suivit les vaincus, & les
moins puissans se couvrirent de murailles. A ces premieres Fortifications,
dont l'origine n'est pas moins ancienne que les commencemens en
estoient simples, les Fossez furent incontinent adjoûtez, pour les rendre
moins accessibles : puis comme par la
violence des uns, & par l'obstina-

hommes se soient avisez de faire pour se garantir des insultes des bestes farouches & des
voleurs a esté des Fossez de la terre desquels
ils ont naturellement formé des Terrasses. La
difficulté qu'il y a à descendre & à monter
leur a deû faire venir cette pensée. Aprés
quoi ils se sont couverts avec des Palissades,
qu'ils composoient de branches d'arbres entre-
lassées, & qu'ils affermissoient avec des Pieux
enfoncez dans la terre. Enfin, ils ont inventé des Murailles, que l'on a perfectionnées à
mesure que les attaques sont devenuës plus
opiniâtres & plus violentes.

tion des autres, de nouvelles ſinven-
tions furent trouvées pour l'attaque
& la reſiſtance. Ces murailles qui n'é-
toient auparavant que droites ou
rondes furent faites obliques , &
(3) par Détours, pour combattre les
Aſſaillans tout-à-la-fois, & par devant & par le coſté & par derriere :
(4) Maximes ſi ſemblables à celles
que nous obſervons maintenant, qu'il
ſemble que le nouvel uſage du Canon n'ait fait qu'alonger nos Lignes
de Deffenſe. Car qu'eſt-ce que nos

3. Il y auroit lieu de s'eſtonner que l'Autheur ſe fuſt ſervi du terme general de *Détours*, pour ſignifier les Tours quarrées &
rondes dont on s'eſt ſervi pour fortifier les
Villes, ſi Vitruve ne s'eſtoit ſervi de la même expreſſion. En effet, ce ſont proprement
les Tours qui ont l'uſage dont il parle, qui
*eſt de combattre les Aſſaillans par devant, par
le coſté & par derriere*. Et il n'y a pas d'apparence qu'il n'ait rien voulu dire de ces Pieces dont on s'eſt ſervi ſi long-temps, & dont
quantité de Villes ſont encore environnées.

4. Il eſt faux que ces Maximes ſoient ſi
ſemblables aux noſtres que l'on n'ait fait depuis qu'alonger la Ligne de Deffenſe : les
Tours avoient un autre defaut bien conſiderable, dont noſtre Autheur ne parle point,
qui eſt, de ne pouvoir eſtre deffenduës du
coſté qu'elles regardent directement la Campagne.

Courtines & nos Baſtions , que la Courbeure d'une Muraille oblique , pour repouſſer plus facilement, à l'imitation des Anciens , ceux qui attaquent les Fortereſſes.

Or de cette Muraille Droite , Oblique , & Angulaire depend abſolument la bonté des Fortifications, dautant que toutes ſes Faces & ſes Parties ont une mutuelle deffenſe entre elles, & que ſelon que les Lignes en ſont longues ou courtes , & les Angles ouverts ou ſerrez , tout le bien, ou le mal en arrive. De la diverſité de ces Lignes Droites ſe forment les Courtines , les Flancs & les Baſtions, & de leurs frequentes rencontres, les Angles Rentrans & Saillans, ou Flanquans & Flanquez, dont les varietez produiſent autant de differentes Regles en cet Art , qu'il y a de diverſes opinions dans les Auteurs de cette Science. (5) Le plus grand nombre des Modernes plus fondez ſur la Geometrie, que ſur l'experien-

5. **Les Autheurs** qui ſe ſont fait une Maxime de ne point ſouffrir l'Angle Flanqué plus ouvert que de 90 Degrez, en ont eu des raiſons , que l'on ne ſçauroit nier eſtre tres-phyſiques & fondées ſur l'experience , & ce

ce establissent pour un principe certain, que les Angles Flanquez ne soient jamais plus grands de 90 Degrez, comme si l'Angle Droit avoit quelque vertu particuliere en cette Pratique, & veulent que les Angles Flanquans en dependent, & qu'ils varient selon la disposition & le nombre des Polygones. (6) Mais s'ils prenoient la peine de s'éloigner quelquefois des raisons mathematiques pour examiner les physiques, ils

n'est asûrément pas leur faire justice que de pretendre qu'ils ne se sont fondez que sur quelque avantage imaginaire de l'Angle Droit. Voici donc leurs raisons. La premiere est que l'Angle Droit a toute la solidité qu'il peut avoir, puis qu'il resiste de toute l'épaisseur du Bastion, les coups tirez perpendiculairement sur l'une des faces estant necessairement paralleles à l'autre. En second lieu, un Angle trop ouvert est trop exposé aux Batteries des Ennemis, qui peuvent le battre de plus loin qu'ils ne feroient s'il estoit Droit. Enfin, ils ne croyoient pas que l'on deust negliger le second Flanc, qu'ils se ménageoient en s'assujettissant de la sorte à faire les Angles Flanquez de 90 Degrez.

6. Cette seule raison suffit pour faire negliger toutes celles que les Deffenseurs de l'Angle Droit peuvent apporter. Car enfin, ce qu'il y a de plus important pour la bonté d'une Fortification consiste en ce que les Fa,

connoîtroient que les qualitez acti-
ves regiſſant les paſſives, les Angles Flanquez doivent eſtre ſujets
aux Angles Flanquans, comme ceux
qui ont la principale action de la
deffenſe.

Negligeant donc des Maximes ſi
generalement approuvées, & ſi foi-
blement ſoutenuës par les nouveaux
Autheurs, j'eſtablis toutes mes Regles ſur les Angles Flanquans, laiſ-
ſant à l'avanture les Angles Flanquez ſelon la forme des Polygones,
ne faiſant en tous les Ordres de mes
Places Regulieres qu'une même Face de Fortifications entre les Pointes
des Baſtions, n'y ayant que celles-ci
qui varient en leur ouverture. Car,
que m'importe que les Angles des
Baſtions ſoient par exemple de nonante ou de cent & tant de Degrez, s'ils ont toûjours même Foſſé,
même Rempart, même Deffenſe,
puiſque leurs forces ne dependent
pas de leurs Pointes. Que ſi cela

ce de ſes Baſtions ſoient bien Flanquées, &
qu'le Paſſage du Foſſé ſoit bien deffendu.
Or l'on fera voir aiſément que l'on ne ſçauroit le deffendre comme il faut, en s'aſſujet-
tiſſant ainſi à l'Angle Droit.

A iiij

7 eſtoit, (7) les Courtines eſtans droites, ſeroient les plus foibles Parties de la Place , & toutefois elles ſont les plus fortes par le double voiſinage des Flancs. (8) D'ailleurs les inconve-niens de n'exceder jamais l'Angle Droit en l'ouverture des Baſtions, ne ſont pas moins conſiderables , puiſ-que paſſant au deſſus de l'Octogone, ou il faut augmenter le nombre des Baſtions propoſez ou les Angles Ren-trans de la Contreſcarpe dérobent aux Angles Flanquez la deffenſe qui leur eſt dûë : comme il ſe voit en diverſes Places fortifiées , & aux Plans mêmes des Autheurs les plus eſtimez , notamment de leurs Places

7. Il ne faut pas s'imaginer que noſtre Au-theur faſſe ici de paralogiſme, en comparant la Face du Baſtion à la Courtine. Tout ce qu'il veut conclure eſt , que le deſavantage d'eſtre expoſé directement aux Batteries des Ennemis n'eſt pas fort conſiderable quand il eſt recompenſé par l'avantage d'eſtre bien deffendu. Et il le conclut fort bien par l'e-xemple des Courtines.

8. Tous les deux inconveniens ſe trouvent ſouvent enſemble , & il arrive qu'outre le nombre de Baſtions multipliez le Foſſé des Baſtions n'eſt veu que du ſecond Flanc. Or l'on fera voir dans la ſuite , combien cette deffenſe du ſecond Flanc eſt foible.

Irregulieres, où l'un ou l'autre de ces defauts, ou tous les deux enſemble ſe trouvent aſſez ſouvent au préjudice des Finances & des Frontieres. (9) Mais ce ne ſont pas les ſeuls manquemens qui ſe découvrent en leurs Maximes, vous leur en trouverez encore dans la ſuite de cet Ouvrage, & j'eſpere de vous en faire aſſez facilement appercevoir : pluſtôt en les reparant par des nouvelles inventions, qu'en les refutant par des vaines paroles, de même qu'en ce premier Chapitre.

9. Les autres defauts, dont il parle, ſont la petiteſſe & la ſituation des Flancs, en quoi principalement il s'éloigne des Maximes de tous les autres Autheurs. Mais il a encore des avantages tout particuliers dans ſes Remparts & dans ſes Dehors. Et il eſt certain que les Regles qu'il donne ſurpaſſent infiniment en bonté celles des Autheurs qui l'avoient precedé.

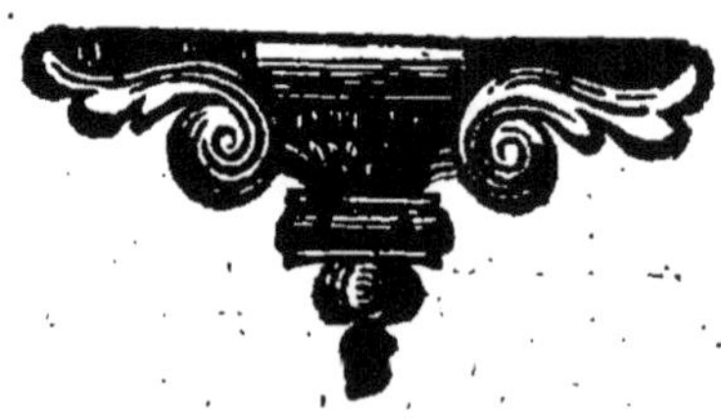

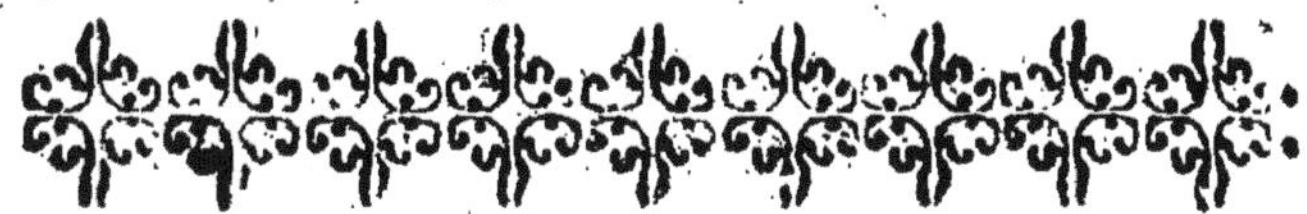

C H A P I T R E II.

Des principales forces de la Deffense.

L E second fondement, & comme le plus important de toute la Fortification, eſt de remarquer bien certainement quelles ſont en cet Art les plus fortes &. les meilleures Défenſes. Elles conſiſtent ſans doute aux Hommes, aux Remparts, aux Canons & aux Foſſez : aux Hommes pour le combat de main, & de la Mouſqueterie, aux Remparts pour la peine de les ſurmonter, aux Canons pour la grande execution contre les attaques, & aux Foſſez pour les difficultez de les paſſer quand ils ſont bons & bien deffendus. (10) Mais de ces quatre choſes également ne-

10 PUiſque la fin de la Fortification eſt, comme il a dit cy-devant, *d'oppoſer un petit nombre de Soldats aux efforts des plus puiſſantes Armées*, c'eſt aſſurément s'éloigner des principes de cette Science, que de faire conſiſter la principale force d'une Fortereſſe

ceſſaires à la longue reſiſtance des
Places, la plus incommode & la plus
dangereuſe eſt celle d'un trop grand
nombre de Soldats, à raiſon des
payemens, des ſeditions, de la nou-
riture, & des maladies, dont les inconveniens ont cauſé la perte d'une
infinité de Places, & en ruineront
encore pluſieurs, tant que le principal effort de la deffenſe dépendra du
grand nombre des Gens de Guerre.
Si leur multitude excede l'ordinaire,
ils ſont aiſément affamez par des Cir-
convallations, & l'Armée qui les doit
ſecourir, ſoit de force, ou par di-
verſion, s'en trouve d'autant plus
affoiblie. Que ſi leur quantité n'eſt
que raiſonnable, ils ſont incontinent

dans le nombre des Soldats. Ainſi, quand une
Garniſon trop nombreuſe n'apporteroit pas
toutes les incommoditez dont noſtre Autheur
fait ici le dénombrement, ce ſeroit toûjours
pecher contre les Regles, que d'y fonder
principalement la Deffenſe des Places, Il faut
ſeulement faire ici une remarque, qui eſt,
que quand les Villes ſont grandes, & nouvel-
lement conquiſes, quelque bien fortifiées
qu'elles puiſſent eſtre, on ne ſçauroit jamais
bien s'en aſſurer, que par une forte Garniſon
qui ſoit capable de s'oppoſer aux revoltes de
la Bourgeoiſie.

forcez ou reduits à capituler , non
par faute de nombre & de valeur ,
mais par l'impuiſſance de montrer
leur courage & leur induſtrie en des
Fortifications non moins imparfaites
que defectueuſes. Ce que j'eſſaye de
reparer par mes nouveaux Deſſeins ,
en fondant le plus grand effort de
la reſiſtance ſur le nombre des Remparts & des Canons bien employez ,
& ſur la bonté des Foſſez qu'ils doivent deffendre. (11) Car la Fortification eſtant une fois achevée , &
toute l'Artillerie en eſtat , leurs ſuites
ne produiſent plus ni d'accident , ni
de dépenſe. (12) Et la raiſon qui
m'oblige à faire tant de cas des
Foſſez , eſt que par tout ailleurs , &

11. Si ceux à qui la dépenſe fait peur quand
il s'agit de bâtir une bonne Place , penſoient
à l'épargne qu'il y a à diminuer les Garni-
ſons, ils concevroient aiſément de quel côté
il faudroit épargner , & ils ne balanceroient
pas à dépenſer à la Fortification d'une Ville,
ce qu'une nombreuſe Garniſon conſommeroit
en peu d'années,

12. Dans la ſuite en parlant du bon uſage
de l'Artillerie, on expliquera plus au long ce
qu'il ne dit ici qu'en paſſant , & l'on fera
voir que c'eſt uniquement au paſſage du Foſſé que l'on doit reconnoiſtre la bonté d'une
Place.

sur la terre ferme, les affiegeants se
logent affez facilement, & pouffent
fans danger leurs approches, par le
Pic, la Pelle, la Sape & la Mine,
(13) Mais lors qu'ils font arrivez sur
le bord d'un Foffé large, profond &
bien deffendu de l'Artillerie, c'eft là où
leur furie s'arrefte : & ne le pouvant
paffer que fur des Ponts & des Galeries trop fujettes aux ravages du Canon, ils font auparavant obligez à le dé-
monter par des Contre-batteries dref-
sées fur la Pointe des Contrefcarpes;

13. Il fait confifter la bonté des Foffez
en trois chofes : dans la largeur, dans la profondeur ; & à eftre bien deffendus de l'Artillerie. De ces trois qualitez d'un bon Foffé il
n'y a que la derniere dans laquelle il ne peut
y avoir d'excez, car un Foffé trop large a le
defavantage de découvrir le pied du Rempart,
& de donner ainfi à l'Affiegeant le moyen de
le battre, & de fapper ainfi toute la muraille :
& un Foffé trop profond a cette incommo-
dité, que les coups tirez de deffus le Rempart font moins fûrs, pour eftre tirez de trop
haut, & qu'il fe faut trop découvrir, pour en
voir le fond, outre que le Glacis du Parapet
devenant beaucoup incliné devient auffi trop
foible par le haut : j'aimerois mieux cependant un Foffé trop profond que trop large,
pourvû que les Flancs euffent des Cazemattes
& des Places baffes pour le deffendre.

14 (14) Action maintenant la plus facile de toutes celles des attaques,
mais, selon mes nouveaux Projets,
la plus longue, la plus penible & la
plus dangereuse, ainsi que je le mon-
trerai dans la suite de ces Discours,
avec les autres avantages de mes Places, en mêlant par tout les solides
raisons de la Theorie, avec les faciles methodes de ma nouvelle Pratique : Où je passerai sans autre retardement, pour vous faire voir en
peu de Figures & en peu de paroles, tout ce que je puis ajoûter à cet
Art, & ce que ma nouvelle Fortification peut ajoûter au temps de l'or-
15 dinaire deffense. (15) Car je ne pré-

14. L'experience a fait connoître combien
il estoit facile de ruiner les Batteries des
Flancs dans toutes les Places fortifiées, selon
les manieres usitées avant le Comte de Pagan.
Et il ne faut pas s'en estonner, il y avoit si
peu de Canon, & si mal employé, qu'il n'é-
roit pas merveilleux de le voir démonté, &
mis hors de service par une forte & puissan-
te Batterie, & il est certain que ce seroit
une entreprise tout autrement difficile à une
Fortification faite à la maniere de nostre Autheur.

15. Ce seroit une pretention chimerique que
celle de rendre les Places imprenables, il n'y
en a point qui ne cede enfin aux efforts opi-

tens pas de rendre les Villes imprenables, (16) mais de doubler tout au 16
moins la plus longue durée de nos
plus grands Sieges de force, afin
de procurer dans l'espace de quatre
ou cinq mois entiers, le salut à la
Place attaquée, soit par les frequentes pluyes de l'Automne, ou par les

niâtres d'un puissant Ennemi, pourvu qu'elle puisse estre attaquée, & qu'elle ne soit
point secouruë. Car elle pouroit estre si-
tuée de telle sorte qu'elle seroit imprenable,
faute de pouvoir estre attaquée : tel est le
Mont Saint Michel en Basse Normandie, qui
estant tous les jours deux fois environné de
la mer, & deux fois à sec, ne peut estre assiegé ni par mer ni par terre.

16. Il est certain qu'il n'y a rien qui ruine davantage une Armée qu'un long Siége, & il
est rare que, lors qu'il traîne en longueur,
l'Armée assiegeante ne soit exposée aux incommoditez qui sont ici mentionnées : aussi
l'une des choses qui surprendront la posterité,
& qui lui feront admirer les grandes actions
du Roi : ce sera la promptitude avec laquelle il s'est rendu maistre des Places les
plus capables de resister plus long-temps, &
je ne doute point que tous ceux qui ont veu
les desordres d'un long Siege ne soient per-
suadez de ce qui a esté dit par l'un des plus
grands Princes & des plus experimentez Capitaines de nostre siecle, *qu'une Armée souffri-
roit toûjours plus de perte en trois mois de Siege qu'en trois heures d'attaque.*

premieres froidures : foit par le loifir
d'une puiffante diverfion , ou par
tant de divers & de fàcheux acci-
dens , qui traverfent toûjours de fi
longues entreprifes.

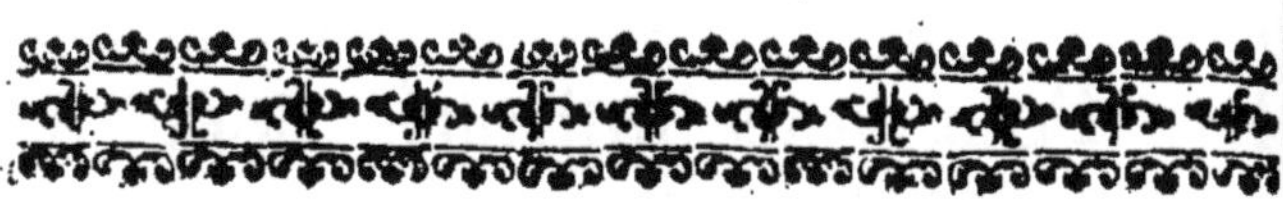

CHAPITRE III.

Des Places Regulieres.

LEs Fortifications fe divifent en
Places Regulieres & Irregulieres.
Les Regulieres font celles qui font
environnées d'une Fortification uni-
forme , égale , & qui n'a par tout
qu'un même Ordre & une même
regle , tant en fes Angles qu'en fes
Lignes droites : Et les Irregulieres font
celles qui varient en plufieurs ou en
quelqu'une de ces chofes. Les premieres font les plus fimples , les
meilleures & les plus parfaites , &
les autres quoique moins uniformes
en toutes leurs Parties , ne laiffent
pas d'eftre en pareille confideration ,
quand elles font bien entenduës , &
bien mélangées des plus parfaites
Maximes de la Reguliere. Mais çomme
me

me des choſes ſimples ſe forment
les compoſées, je traitterai premierement des Places Regulieres & des
Fortifications, tout au long : (17) Et
puis en peu de diſcours des Places
Irregulieres, par des methodes autant parfaites & faciles que nouvelles. Pour vous inſtruire donc de
toutes ces Fortifications , & pour
vous en montrer les moyens de les
facilement conſtruire, je commence-
rai en vous apprenant , qu'elles ſont
diſtinguées en grande, en moyenne
& en petite, pour ſubvenir à toutes
les varietez qui naiſſent en cet Art,
Et que je ne donne qu'une ſeule regle en chacune, depuis le Pentagone , juſqu'à la Ligne droite, afin
de repreſenter une même Face de
Fortification en tous les coſtez des
Polygones , ſelon mes precedentes
Maximes. Car il eſt tres – certain
qu'entre pluſieurs & diverſes metho-

¹⁷ LA Pratique de noſtre Autheur a cet
avantage par deſſus les autres , que
les Fortifications Irregulieres s'y conſtruiſent
avec la même facilité que les Regulieres , &
même il ſera aiſé de reconnoître dans la ſuite qu'elles ne ſont que de bien peu inferieures
aux Regulieres.

B

des, il y en a toûjours une qui est la meilleure, & qui merite la preference, comme la plus parfaite : Aussi aprés une longue recherche des trois, les plus avantageuses de toutes , je n'en pouvois choisir de plus ajustées, ni de plus convenables à mes opinions, que celles que vous verrez dans les trois Figures suivantes, fondées sur autant de Bases de differentes longueurs , & representées avec les mesures des Demi-Diametres, & autres Parties des Polygones jusqu'au douziéme seulement, (18) puisque les Places Regulieres n'arrivent que rarement à douze Bastions. Mais afin que la diversité de ces Bases ou côtez des Polygones , n'apporte de notable changement en la bonté de ces diverses Fortifications, les Flancs où reside la principale action de la force en sont presque de même lar-

18. Le Dodecagone de la grande Fortification du Comte de Pagan enferme dans les Remparts 2000 Toises de circuit, & l'on ne fait guere de nouvelles Places de plus grande étendue. Mais d'ailleurs quand on en voudroit faire d'un plus grand nombre de côtez, il ne seroit pas besoin d'autres Regles, puisque la methode de fortifier demeure toujours la même.

geur : quoique les longueurs des
Courtines, des Faces, des Baſtions,
& des Lignes de deffenſe en ſoient
de beaucoup inégales. Toutefois ces
differences n'importent pas tant, &
ne ſont conſiderables que par la varieté des Lignes de deffenſe. La
plus longue n'eſt que de ſix - vingts
toiſes, du coin du Flanc à l'endroit
du Foſſé où l'on paſſe ordinairement
les Galeries : Et de plus de cent
ſoixante juſqu'aux Contrebatteries
des Aſſaillans ſur la Contreſcarpe,
afin que le Canon & la Mouſqueterie des Ennemis en incommodent
moins les Caſemattes retirées. Et
dautant que les proportions de la ſeconde regle s'éloignent moins de celle
de la premiere, (19) j'eſtime que ma
grande & moyenne Fortification doivent eſtre pluſtôt recherchées que la

19. La pluſpart croyent que les Lignes de
Deffenſe les plus courtes ſont les meilleures,
quand elles ne vont point au deſſous de cent
toiſes : mais ils ne prennent pas garde que
leurs Flancs ſont auſſi plus ſujets à eſtre ruinez par les Contrebatteries, qui en deviennent plus proches, & que le principal effort
de la Deffenſe conſiſte à empêcher le paſſage
du Foſſé. Et c'eſt par cette raiſon que noſtre
Autheur prefere celle de ſes trois manieres

derniere ou petite, parce que sa Ligne de deffense n'eſt au plus que de cent douze toiſes, & qu'un pareil nombre de ſes Baſtions contient beaucoup moins d'eſpace & d'étenduë: Neanmoins la difference en eſt peu ſenſible, & m'en remettant du choix à ceux qui s'en voudront ſervir, je paſſerai à leur en montrer la Pratique par des regles toutes nouvelles.

10   (20) Mais afin que tout le mon-

dans laquelle il ſe trouve que l'endroit où l'on paſſe ordinairement le Foſſé eſt ſuffiſamment deffendu ſans que le Flanc devienne trop proche de la Contreſcarpe ſur laquelle on a couſume de poſer les Contrebatteries.

10. On ne ſçauroit connoiſtre la grandeur abſolue d'aucune meſure qu'en donnant des exemples, & c'eſt de là que vient la difficulté que l'on a de ſçavoir quelles eſtoient les meſures des Anciens. Noſtre ſiecle a eu l'avantage de découvrir une maniere de perpetuer les meſures inconnuë aux Anciens par le moyen des Pendules. Car ſçachant une fois qu'une Pendule de trois pieds huit Lignes fait chaque vibration en une ſeconde, c'eſt à dire qu'elle en fait 3600 en une heure, quand on auroit perdu toutes les meſures que nous avons de la Toiſe, du pied, &c. on pourra toujours les retrouver, à moins que l'on ne vouluſt dire que la courſe du Soleil ſe r'allentir, & que les heures deviennent dans la

de sçache auparavant quelle est la véritable longueur de la toi-se Françoise, dont je me sers en ces Fortifications, il ne se-ra pas inutile d'en rapporter en cet endroit cette Figure en forme d'Echelle, de quatre pouces de long & tres-parfai-tement divisée, marquant la dix-huitiéme Partie de la Toi-se, parce qu'elle en contient septante-deux : car la vraye mesure de la Toise Françoise estant de six pieds, & chaque pied de douze pouces, elle en fait en tout septante-deux : Et partant dix-huit fois la lon-gueur de cette Echelle est la mesure de cette Toise.

suite plus longues. Mais supposé que l'on conservât la mesure du pied (com-me l'on peut doresnavant le faire par le moyen des Observations de Mon-sieur Picard sur la Grandeur de la Terre) on pouroit parle moyen de la Pendule s'assurer si la durée des jours & des heures est toujours la même.

Pour tracer la grande Fortification.

Tirez la Base A B de deux cens Toises, & la divisez en deux également au point D. Puis tirez du point D la Ligne Perpendiculaire D C de trente Toises de longueur, & ensuite, les deux Lignes de deffense partans, l'une du point A passant en C & allant en N, & l'autre du point B passant en C & allant en M toutes deux de raisonnable longueur.

Cela fait, marquez sur lesdites Lignes de deffense, les deux Faces des Bastions A E & B F de soixante Toises chacune : Puis les complemens des deux Lignes de deffense C M & C N l'une & l'autre de trente-sept Toises, & ensuite tirez les deux Lignes des Flancs de E, à M, & de F, à N, & la Ligne de la Courtine de M, à N.

Ainsi vous tracerez tres-facilement & avec autant de diligence que de justesse, toutes les Faces de la grande Fortification, en observant toûjours la même regle sur les Bases de

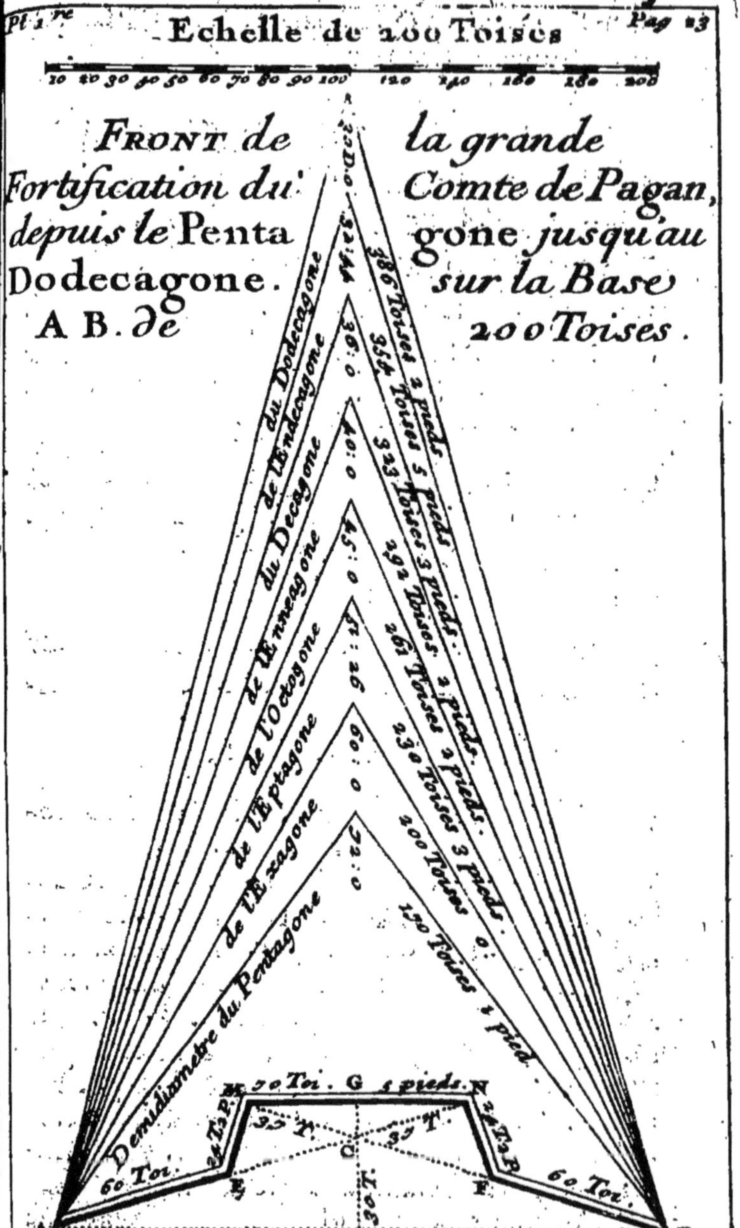

Echelle de 200 Toises

10 20 30 40 50 60 70 80 90 100   120   140   160   180   200

FRONT de   la grande
Fortification du   Comte de Pagan,
depuis le Penta   gone jusqu'au
Dodecagone.   sur la Base
A B. de   200 Toises.

du Dodecagone   386 Toises 3 pieds   44:0
de l'Endecagone   356 Toises 5 pieds   36:0
du Decagone   323 Toises 3 pieds   40:0
de l'Enneagone   292 Toises 2 pieds   45:0
de l'Octogone   261 Toises 2 pieds   51:26
de l'Eptagone   230 Toises 3 pieds   60:0
de l'Exagone   200 Toises 0   72:0
Demidiametre du Pentagone   170 Toises 1 pied

M. 90 Toi. G 5 pieds. N
24:73 P.   35 T.   C   35 T.   24:73 P.
60 Toi.   60 Toi.
30 T.
A   E   D   F   B
100 Toises.   100 Toises.

deux cens Toises dont les principales Parties seront

Les deux Faces des Bastions A E, & B F de soixante Toises; Les deux Flancs E M & F N de vingt-quatre Toises & deux pieds : La Courtine M N de soixante & dix Toises cinq pieds : Les Lignes de deffense M C B & N C A de cent quarante & une Toises & deux pieds chacune : Et l'Angle Flanquant A C B de cent quarante-six Degrez & trente-six Minutes.

'21   (21) Mais quant aux Angles des Bastions & des Polygones ils se trou-

C A L C U L.

21   DAns le Triangle A C D les deux costez A D & D C sont connus, & l'Angle C D A est droit, donc en ajoutant les Quarrez de A D & D C, & tirant la Racine Quarrée de leur somme, on aura le costé A C de cent quatre Toises deux pieds, auquel ajoutant trente sept Toises on aura la longueur de la Ligne de deffense de cent quarante & une Toises deux pieds, & la Ligne E C ou C F de quarante-quatre Toises deux pieds. & les Angles seront aussi connus : sçavoir l'Angle A C D de soixante & treize Degrez dix-huit Minutes, & l'Angle A C B, qu'il appelle

veront

veront en cette maniere. Oftez de l'Angle flanquant de la Fortification, l'Angle du centre du Polygone , &

l'Angle flanquant , & que quelques-uns appellent l'Angle de la Tenaille de 146 Degrez 36 Minutes & oftant ledit Angle A C D, de 90 Degrez on aura l'Angle C A D de 16 Degrez 42 Minutes.

Maintenant dans le Triangle C E M, le côté M C & le cofté E C font connus, l'Angle E C M fe connoiftra de 33 Degrez 24 Minutes en oftant l'Angle flanquant A C M de 180. donc on connoiftra le flanc E M de 24 Toifes 2 Pieds en faifant, comme le Sinus total eft au cofté E C, ainfi le Sinus de l'Angle E C M eft au cofté E M. Semblablement on aura l'Angle M E C de 56 Degrez 36 Minutes en faifant comme la ligne E M eft au Sinus de l'Angle E C M, ainfi la ligne M C eft au Sinus de l'Angle M E C. Et oftant l'Angle M E C de 180 on aura l'Angle de l'épaule de 123 Degrez 24 Minutes. Et l'Angle E M C fe trouvera de 90 Degrez en oftant les Angles M E C & M C E de 180. Et parce que l'Angle C M N eft égal à l'Angle E A D , en ajoûtant cét Angle à 90 Degrez on aura l'Angle du Flanc & de la Courtine de 106 Degrez 42 Minutes.

Et parce que les Triangles A C B & M C N font femblables, on aura en cette forte la longueur de la Courtine. Comme la ligne A C de 104 Toifes 2 Pieds eft à la ligne A B de 200 Toifes, ainfi la ligne M C de 37 Toifes fera à la Courtine de 70 Toifes 5 Pieds & un peu plus.

C

vous aurez les Angles des Bastions dudit Polygone : Puis prenez le complement au demy-cercle de l'Angle du même centre, pour les Angles du Polygone formez par les côtez ou bases de 200. toises, autour de la circonference du cercle. (22)

22. Reste de toutes les lignes que l'on a coûtume de chercher, la Capitale, la Demi-gorge, ge, le Polygone interieur & les Demi-diametres du Polygone à connoître, lesquelles changent toutes selon la diversité des Figures. On aura le grand Demi-diametre en cette sorte : comme le Sinus de l'Angle au Centre est au costé du Polygone exterieur, ainsi le Sinus de la moitié de l'Angle en la Circonference est au Demi-diametre majeur.

Pour connoître le petit Demi-diametre & le Polygone interieur, il faut premierement connoître la Perpendiculaire tirée du Centre sur le Polygone exterieur en cette sorte. Comme le sinus total est au demi-diametre majeur, ainsi le sinus de la moitié de l'Angle en la Circonference est à la Perpendiculaire tirée du Centre au Polygone exterieur, ou bien ostant le quarré de la moitié du Polygone exterieur du quarré du demi diametre majeur & tirant la racine quarrée du reste.

Ensuite on connoistra la petite partie C G en cette sorte. Comme A C est à C D, ainsi M C est à C G, qui se trouvera de 10 Toises 4 Pieds. Ajoûtant cette petite partie à la perpendiculaire D C on aura 40 Toises 4 Pieds, lesquelles oſtées de la grande perpendiculaire donneront la petite perpendiculaire.

Mais comme la grande perpendiculaire eſt à la petite, de même le grand demi-diametre eſt au petit, & de même auſſi le Polygone exterieur eſt au Polygone interieur.

Enfin oſtant la Courtine du Polygone interieur & prenant la moitié du reſte on aura la Demi-gorge, & oſtant le petit Demi-diametre du grand on aura la Capitale.

Par ce moyen on a toutes les meſures de la Grande Fortification du Comte de Pagan.

Le Polygone exterieur . . .	200 T.		
La Ligne de Deffenſe . . .	141 T.	2	P.
Le Flanc	24 T.	2	P.
La Face	60 T.		
La Courtine	70 T.	5	P.
La Ligne D G	40 T.	4	P.
La Ligne D C	30 T.		

Les Demi-diametres, les Capitales & les Demi-gorges ſont differentes dans les differens Polygones.

LES ANGLES.

L'Angle flanquant	146 : 36
L'Angle diminué	16 : 53
L'Angle de l'Epaule	123 : 46
L'Angle du Flanc	106 : 53

L'Angle flanqué eſt toûjours égal à l'Angle du Polygone moins 2 fois l'Angle diminué : l'Angle au Centre ſe trouve en diviſant 360 par le nombre des coſtez du Polygone : & l'Angle en la Circonference en oſtant l'Angle au Centre de 180.

Pour tracer la moyenne Fortification.

Tirez la Base A B de 180. toises, & la divisez en deux également au point D. Puis tirez du point D. la ligne perpendiculaire D C de 30 toises de longueur, & ensuite les deux lignes de deffense, l'une du point A passant en C & allant en N, & l'autre du point B passant en C & allant en M toutes deux de raisonnable longueur.

Cela fait, marquez sur lesdites lignes de deffense, les deux faces des Bastions A E, & B F de 55 toises chacune : Puis les complemens des deux lignes de deffense C M, & C N l'une & l'autre de 32 toises, & ensuite tirez les deux lignes des flancs de E à M, & de F à N, & la ligne de la Courtine de M à N.

Ainsi vous tracerez tres-facilement & avec autant de diligence que de justesse, toutes les faces de la moyenne Fortification en observant toûjours la même regle sur les bases de 180 toises dont les principales parties seront.

Les deux faces des Bastions A E, &

Pl. 2.^e

10. 20. 30. 40. 50. 60. 70. 80. 90. 100. 120. 140. 160. 180. Toises

FRONT de la moyenne Fortification du Comte de Pagan, depuis le Penta— —gone jusqu'au Dodecagone. sur la Base AB. de 180 Toises.

du Dodecagone
de l'Endecagone
du Decagone
de l'Enneagone
de l'Octogone
de l'Eptagone
de l'Essagone
du Pentagone
demidiametre du Pentagone

30:0
33:44
36:0
40:0
45:0
51:26
60:0
72:0

347 Toises 4 pieds.
316 Toises
301 Toises
263 Toises 2 pieds
233 Toises 1 pied
207 Toises 1 pied
180 Toises 3 pieds
159 Toises 3 pieds

60 Toi. G 4 pieds
35 Toises 3 T. 3 T. 3 T. 45 Toises
A D B
90 Toises. 90 Toises.

C III

B F, de 55 toises, les deux Flancs E M, & F N de 24 toises, la Courtine M N de 60 toises & 4 pieds : Les lignes de deffense M C B, & N C A de 126 toises & 5 pieds chacune : & l'Angle flanquant A C B de 143 Degrez & 6 minutes.

23   (23). Mais quant aux Angles des Ba-

23. Le Calcul de cette seconde maniere est fondé sur les mêmes principes que celuy de la grande Fortification , & par son moyen on a toutes les mesures de celle-cy qui sont telles,

Le Polygone exterieur	180 T.
La Ligne de Deffense	126 : 5
Le Flanc	24 :
La Face	55 :
La Courtine	60 : 4
La Ligne D G	40 : 1
La Ligne D C	30 :

Les Demi-diametres , les Capitales & les Demi-gorges differentes dans les differens Polygones.

LES ANGLES.

L'Angle flanquant	143 : 6
L'Angle diminué	18 : 27
L'Angle de l'Epaule	126 : 54
L'Angle du Flanc	108 : 54

L'Angle flanqué est toujours égal à l'Angle du Polygone moins deux fois l'Angle diminué: l'Angle au Centre & l'Angle en la Circonference se trouvent comme il a esté dit cy-dessus.

ftions & des Polygones, ils se trouveront en cette maniere. Ostez l'Angle
au centre du Polygone, de l'Angle
flanquant de la Fortification, & vous
aurez les Angles des Bastions dudit
Polygone : Puis prenez le complement
au Demi-cercle de l'Angle au même
centre, pour les Angles du Polygone,
formez par les costez ou bases de 180
toises, autour de la circonference du
Cercle.

Pour tracer la petite Fortification.

TIrez la Base AB de 160 toises, &
la divisez en deux également au
point D. Puis tirez du point D la ligne
perpendiculaire D C de 30 toises de
longueur ; & ensuite les deux lignes de deffense, l'une du point A
paffant en C & allant en N, & l'autre du point B paffant en C & allant
en M, toutes deux de raisonnable longueur.

Cela fait, marquez fur lesdites lignes
de deffense, les deux faces des Bastions
AE, & BF de 50 toises chacune : Puis les
complemens des deux lignes de défense
C M, & C N l'une & l'autre de 27
toises, & ensuite tirez les deux lignes

des flancs de E à M, & de F à N, & la ligne de la Courtine de M à N.

Ainsi vous tracerez tres-facilement & avec autant de diligence que de justesse, toutes les faces de la petite Fortification, en obfervant toûjours la même regle fur les bafes de 180 toifes, dont les principales parties feront.

Les deux faces des Baftions AE, & BF de 50 toifes : les deux flancs EM & FN de 23 toifes & deux pieds : la Courtine MN de 50 toifes & 4 pieds : les lignes de deffenfe MCB & NCA de 112 toifes 3 pieds chacune : & l'Angle flanquant ACB de 138 degrez & 54 minutes.

Mais quant aux Angles des Baftions & des Polygones ils fe trouveront en cette maniere. Oftez l'Angle du centre du Polygone, de l'Angle flanquant de la Fortification, & vous aurez les Angles des Baftions dudit Polygone : puis prenez le complement au demi-cercle de l'Angle du même centre, pour les Angles du Polygone formez par les coftez ou bafes de 160 toifes autour de la circon-

Pl. 3.   Page 33

10 20 30 40 50 60 70 80 90 100 120 140 160 Toises

FRONT de la petite Fortification du Comte de Pagan, depuis le Pentagone jusqu'au Dodecagone, sur la Base A.B. de 160 Toises.

M 50 T. G 4 P. N 50 Toises

A   80 Toises.   D   80 Toises.   B

24 ference du Cercle. (24)

Je puis encore ajoûter en ce Chapitre, qu'en prenant les parties proportionnelles des differentes mesures de ces trois diverses Fortifications, vous en pourrez construire autant de regulieres, que vous supposerez de longueurs de bases depuis 160 jusqu'à 200 toises, en augmentant ou en diminuant à proportion les faces des Bastions & les complemens des lignes de deffense ; gardant toûjours les mêmes lignes perpendiculaires de 30 toises.

24. Le Calcul de cette troisiéme Regle de Fortification est fondé sur les mêmes principes que celuy de la grande Fortification (N°. 21.) & par son moyen on en a toutes les mesures qui sont telles.

Le Polygone exterieur . . . . 160 T.
La Ligne de deffense . . . . 112 : 3
Le Flanc . . . . 23 : 2
La Face . . . . 50 :
La Courtine . . . . 50 : 4
La Ligne D G . . . . 39 : 3
La Ligne D C . . . . 30 :

LES ANGLES.

L'Angle flanquant . . . . 138 : 54
L'Angle diminué . . . . 20 : 33
L'Angle de l'Epaule . . . . . . 131 : 6
L'Angle du Flanc . . . . 110 : 33
L'Angle flanqué, l'Angle au centre & l'Angle en la circonference se trouvent comme il a esté dit cy-dessus.

(25) Car comme les bases ou côtez des Polygones different de 20
toises de l'une à l'autre, & les faces
des Baftions & complemens des lignes de deffense feulement de cinq;
quatre toises de celles-là, n'en valent
qu'une de celles-cy. Ainfi pofant par
exemple une bafe de 168 toises, vous
en prendrez 52 pour les faces des Baftions, & 29 pour les complemens
des lignes de deffense, qui font deux
toifes de plus qu'en la petite Fortification, fe raportans aux huit toifes
qui en excedent la bafe de 160. Tellement qu'avec ces mefures & la ligne
perpendiculaire toûjours de 30 toiles,
vous tracerez auffi parfaitement que
facilement tous les Polygones reguliers de la Fortification de 168 toifes,
en reduifant toutefois les Demy-dia-

25. En prenant ainfi les parties proportionnelles au Polygone exterieur pour toutes les
lignes qui fe trouveront entre la plus grande
& la moindre de ces trois bafes, on fera même dans les Places irregulieres des faces de
Fortification, qui ne feront en rien inferieures
à celles qui viennent d'eftre expliquées : toutefois il ne faut pas que la bafe foit plus grande que de 200 toifes, parce qu'au delà, les lignes de deffenfe deviendroient trop longues.

metres à la même proportion. Car pour ce qui eſt des meſures des flancs de la Courtine, & des lignes de deffenſe, vous les trouverez telles que la regle les produira, & à peu prés dans la même proportion ainſi que l'Angle flanquant.

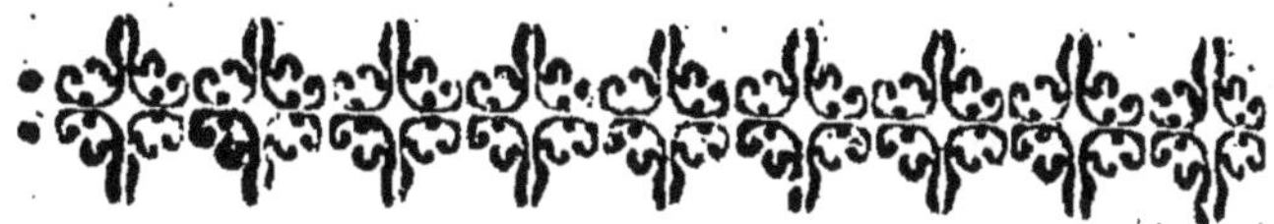

CHAPITRE IV.

Des Flancs & des Cazemates.

NOus avons déja dit, de quelle utilité ſont les Flancs en la deffenſe des Places, ne connoiſſant rien de plus important, ny de plus conſiderable en toutes les parties des Fortifications. Les premiers qui ont depuis l'uſage du Canon mis en Art cette ſcience, tirerent les lignes de leurs flancs perpendiculaires aux faces des Baſtions ; à deſſein de mettre plus à couvert leur Artillerie, (26) ne

26.

26. CEtte propoſition priſe à la rigueur eſt fauſſe, car l'avantage qu'Errard & les autres pretendoient tirer de faire les Flancs per-

confiderans pas que tout ce qui voit
eft auffi veu de ce qu'il regarde. Ce
qu'étant apperceu des fuivans, ces vieilles maximes furent incontinent chan-
gées , & les Flancs toûjours con-
ftruits perpendiculaires fur la courtine. (27) Mais aprés avoir reconnu   27

pendiculaires aux Faces des Baftions eftoit de
faire enforte que les Flancs ne puffent point
eftre battus perpendiculairement par le Canon
des Affiegeans. Or ce n'eft pas une confe-
quence neceffaire que le Canon mis dans un
Flanc de cette fituation ne puiffe battre directement une batterie dont il n'eft veu qu'o-
bliquement : néanmoins on peut dire que cette
même propofition eft vraye fi l'on confidere
que de cette obliquité de Flancs il arrive ou
que les embrafures deviennent trop foibles,
ou bien fi l'on tire par deffus les parapets
cette même obliquité fait que l'on ne fçauroit
découvrir le fond du foffé.

27. L'obliquité des Flancs à l'égard des lignes de deffenfe eft à la verité l'un des defauts
des Places bâties à la maniere des Anciens,
mais ce n'eft pas le feul : la petiteffe de ces
mêmes Flancs & le peu d'ufage qu'ils avoient
pour deffendre le foffé de la face du Baftion
oppofé, font afûrément les plus grands inconveniens que l'on puiffe trouver dans ces fortes
de Places, & pour peu que l'on ait d'experience l'on reconnoiftra aifément que quand le
foffé n'eft pas bien deffendu du Canon une
Place ne peut eftre de longue refiftance.

leur foiblesse en la deffense des Places attaquées , soit par ma presence en plus de 20 Sieges , soit par les relations des autres où je n'étois pas : j'ay pensé qu'en tirant les Flancs perpendiculaires sur les lignes de deffense , ma Fortification selon mes nouveaux projets en seroit de beaucoup plus parfaite : ce qui m'a porté à negliger les deux prêmieres methodes des Flancs, pour establir cette derniere , comme j'ay fait dans les trois regles de mes Fortifications , où toutes les lignes des Flancs font des Angles droits sur les lignes de deffense. (28) Or la raison que j'apporte en faveur de ce fondement , ne consiste qu'en la consideration déja dite , de n'estimer que l'effort du Canon contre le passage

28. L'avantage que l'on a pour le service du Canon dans la maniere du Comte de Pagan consiste , 1°. En ce que ses Flancs estant plus grands que les autres en contiennent davantage. 2°. En ce qu'estant perpendiculaires aux lignes de deffense les embrasures font droites , & l'on peut en mettre davantage dans un même espace. 3°. En ce que les trois batteries qu'il y loge estant toutes sur le prolongement de la ligne de deffense rien ne les empêche de razer la face du Bastion opposé & son fossé, ce qui ne sçauroit se faire quand on menage un second Flanc.

des Galeries ; car qui peut douter,
aprés tant de fâcheufes experiences des
affaillants faites en divers Sieges, que
tant que l'Artillerie eft en eftat dans
les Flancs, il ne foit tres-difficile de
paffer aux Baftions, & prefque du
tout impoffible ; pouvant appuyer cette verité par beaucoup de fameux
exemples, fi la brieveté que j'affecte,
& la crainte de vous eftre ennuyeux ne
m'empêchoient de vous en inftruire.
Auffi me fuis je étonné plufieurs fois,
non pas comme les autres du peu de
refiftance que font les Places les mieux
fortifiées des Pays-Bas, (29) mais de
la reputation des Hollandois en cét
Art, puis que leurs Fortifications ont
fi peu de deffenfe : Car dans un fi
grand nombre de travaux & de fortereffes, à peine y trouverez vous
des foffez bien deffendus de l'artillerie,

29

29. Jufqu'au Comte de Pagan l'on a fait un
cas extraordinaire des feconds Flancs, & c'eft
apparemment à caufe que les Holandois les
confervent plus que l'on ne fait dans toutes
les autres manieres, qu'ils ont acquis dans cette
Science la grande reputation qui furprend nôtre Auteur, mais parce qu'il fait fi peu de cas
de ces feconds Flancs il eft bon d'en expliquer les raifons plus clairement qu'il ne le fait.

30   (30) ce qui donnant l'avantage aux Batteries des Assiegeants, les Flancs sont facilement rompus & la Place bien-tost perduë. Or ce n'est pas seulement en ces Provinces (plus glorieuses d'avoir cultivé cette Science que de l'avoir perfectionnée) où ces défauts sont ordinaires & frequents, mais par tout ailleurs où l'on en suit aveuglement les maximes: tellement que pour remedier à des

3 0   Il pose pour principe incontestable qu'un fossé qui n'est point deffendu de l'Artillerie est facile à passer : l'on 'n'a que trop de moyens pour se mettre à couvert des coups de mousquet , & en effet on ne se fait plus une affaire d'attacher le Mineur quand les batteries qui deffendoient le fossé sont une fois ruinées. D'ailleurs que le Canon du second flanc ne sçauroit deffendre le Fossé. 1°. A cause qu'il est trop élevé & trop oblique pour voir le fond du fossé par dessus les parapets. 2°. La même obliquité est cause que l'on ne sçauroit y faire d'embrasures qui ne soient aisées à renverser, d'où il s'ensuit que si le second Flanc empêche que le fossé ne puisse estre deffendu du Flanc principal, quand on conservera ce second Flanc on ne fera que rendre le passage du fossé plus facile. Or que cela soit ainsi il est aisé de le voir dans cette face de Fortification à la maniere de Marolois, où l'Angle rentrant de la Contrescarpe dérobe presque tout le fossé à la meilleure partie du Flanc, & principalement aux Canons que l'on peut mettre à couvert de l'oreillon.

inconveniens

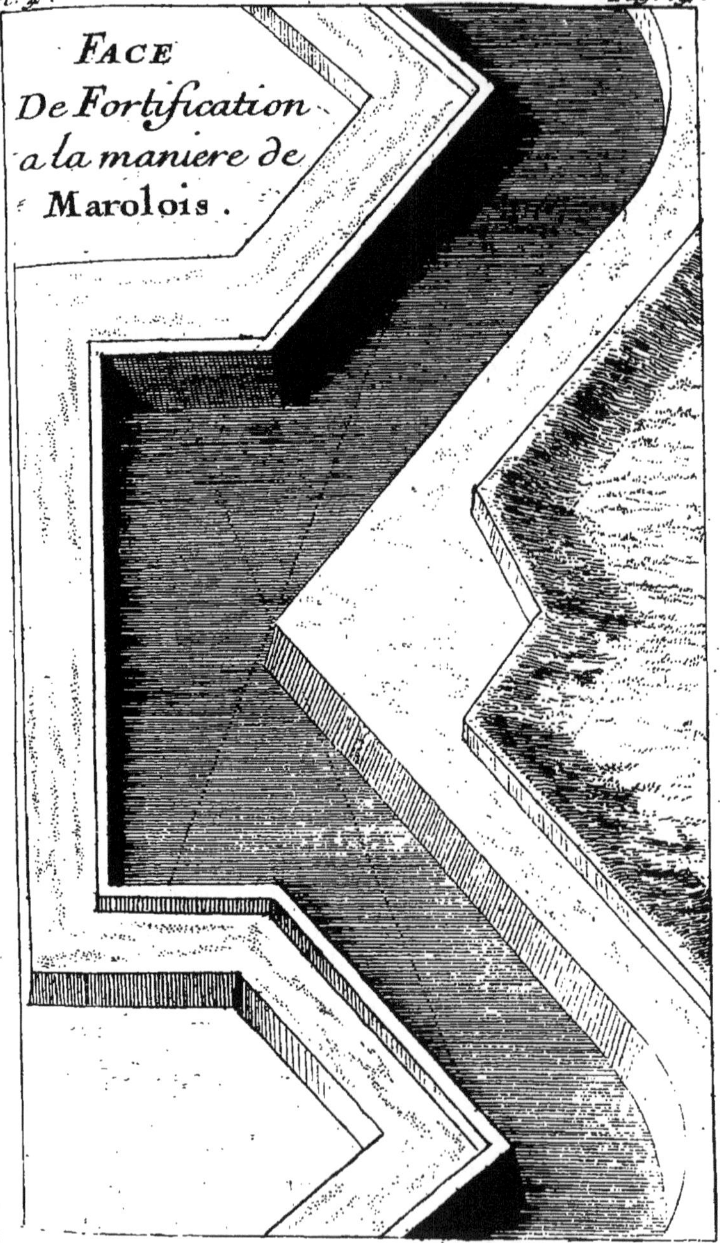
Pl. 4.
Pag. 14.
FACE
De Fortification
a la maniere de
Marolois.
D

inconveniens fi dommageables „ j'ay trouvé les moyens de loger plus de 12 pieces de Canon dans un même Flanc, (31) lequel ne pouvant eftre battu que d'un front égal à la largeur du foffé de 16 toifes, ne fçauroit eftre inferieur à la Batterie des Ennemis fur la Contrefcarpe : mais au contraire beaucoup plus fort, par le nombre de l'Artillerie & par les Parapets & Plate-formes achevées, devant que l'Ennemy foit en prefence. De forte que s'il faut pour paffer le foffé que toutes les pieces des Flancs foient demontées, les Affaillants auront beaucoup de temps à perdre en cette

31. Cette propofition paroift paradoxe, & il femble qu'il n'eft pas poffible de borner les forces ny les attaques des Affiegeants, elle eft néanmoins exactement vraye lors que les Flancs font couverts; tant pour les Places hautes que pour les Cazemates & Places baffes, & il eft wray de dire qu'elles ne peuvent eftre battuës que d'un front égal à la largeur du foffé, au delà duquel le terrain de la Contrefcarpe & le baftion oppofé empêchent qu'on ne voye le Flanc, & c'eft pour cela que noftre Auteur ne fait pas confifter la bonté des foffez dans leur largeur, d'autant que plus un foffé eft large, plus auffi les Ennemis ont de place pour faire des batteries par le moyen defquelles ils puiffent ruiner les deffenfes des Flancs;

action, (32) & plus encore si la difficulté d'en pouvoir battre les trois Canons cachez ne se peut vaincre.

Mais pour vous montrer enfin quelles sont les nouvelles dispositions de
ces Flancs si avantageux : je vous en
expliqueray les figures suivantes, où
les mesures y sont toutefois si parfaitement observées, qu'il ne faut seulement que les voir pour les bien comprendre.

(33) Les premieres lignes des Flancs

32. Ce qu'il a dit cy - dessus (N° 26) des
Flancs perpendiculaires aux faces des Bastions
semble prouver de la même maniere l'inutilité
de ces Canons cachez, s'il est vray que pour
voir il faille estre veu, mais l'utilité de
ces Canons cachez n'étant pas de servir à demonter les batteries des Ennemis, mais à bien
deffendre le fossé, il se peut faire qu'ils soient
cachez à ces sortes de batteries & que néanmoins ils puissent encor utilement servir a deffendre le passage du fossé, & même à battre
de revers dans la Bresche quand il ariveroit
que le reste du Flanc fût ruiné, & il paroist
évidemment par la seule disposition de ces Canons cachez que ce seroit une entreprise presque
impossible que celle de les demonter, car il faudroit pour cela ruiner un épaulement de 12
toises qui les couvre, & il n'y a pour eux que
les coups de bricole à apprehender.

33. Tous ceux qui ont precedé le Comte de
Pagan, & qui ont voulu avoir des Flancs cou-

des trois Fortifications, y sont divisées en deux : La premiere partie du costé de la Courtine toûjours de douze toises pour la largeur du Flanc retiré, & le reste jusqu'à la face du Bastion pour l'oreillon ou épaulement, de douze toises & deux pieds en la grande Fortification, de douze toises en la moyenne, & de onze toises & deux pieds en la petite.

Tous les Flancs retirez sont divisez en trois Cazemates de diverses hauteurs, & chacune distinguée en Plate-forme de quatre à cinq toises de large, & en Parapet de trois d'épaisseur.

verts ne les ont pas faits comme luy en rentrant au dedans du Bastion, mais ils ont construit leurs oreillons en prolongeant les faces, afin, disoient ils, de ne pas diminuer les Gorges des Bastions ; mais ils ne prenoient pas garde que l'on ne pouvoit jamais les employer à meilleur usage qu'à loger l'Artillerie, & à multiplier les deffenses du fossé qui est flanqué par cét endroit. D'ailleurs il arrivoit de ce prolongement de face, que pour laisser libre une égale partie du Flanc, l'oreillon s'affoiblissoit de telle sorte, que cette piece devenoit facile à estre renversée ; au lieu que de cette maniere la largeur que l'on prend dans le Flanc est la moindre épaisseur de tout l'épaulement.

(34) Ils font tous formez fur les lignes de deffenfe prolongées, occupants les demy-gorges des Baftions : & toutes les lignes de ces trois Parapets font paralelles entre elles, & perpendiculaires fur le prolongement defdites lignes de deffenfe : les autres diverfitez font telles par les variables longueurs des demy-gorges des Baftions.

En la premiere Figure.

LA forme du Flanc du Pentagone de la petite Fortification eft particulierement remarquable, d'autant qu'en ce feul Polygone de mes trois Fortifications regulieres, les demy-gorges des Baftions ou prolongement des lignes de deffenfe ne font que de vint & deux toifes au plus : & partant le premier des trois Parapets, ne peut eftre que fur la premiere ligne du Flanc entier, & les Plate-formes des

34. Ceux qui entre les anciens Auteurs formoient leurs Flancs retirez fur le prolongement de la Courtine perdoient inutilement de la place qu'ils auroient pû ménager, & il arrivoit que les Places hautes & qui eftoient les plus reculées devenoient auffi les plus petites.

deux premieres Cazemates que de quatre toiſes de large.

La derniere ligne du ſecond Parapet de ce Flanc eſt de quatorze toiſes de longueur, & la derniere ligne du troiſiéme Parapet de quatorze toiſes & demie, cloſes par une autre ligne oblique pour y pouvoir loger deux pieces de Canon, cachées à la Batterie des ennemis, du bord de la Contreſcarpe oppoſée.

Ainſi vous aurez de l'eſpace en tout ce Flanc pour y mettre treize pieces de groſſe Artillerie : à ſçavoir quatre dans la premiere & baſſe Cazemate, dont le Parapet de douze toiſes doit contenir quatre embraſures en diſtances proportionnées : quatre dans la ſeconde & moyenne Cazemate, dont le Parapet de 14 toiſes doit auſſi contenir quatre embraſures en telle proportion, que celle du coſté du Baſtion ſoit priſe en partie dans l'eſpaiſſeur de la muraille pour eſtre à couvert, & cinq dans la troiſiéme & haute Cazemate égale au Rempart de la Place, dont le Parapet de quatorze toiſes & demie doit contenir cinq embraſures en telle diſpoſition, que celle du coſté du Baſtion ſoit pareillement

à couvert comme l'autre : ce qui est
si facile à comprendre, que tant de
paroles y sont plûtôt superfluës que
necessaires.

En la seconde Figure.

LA forme des Flancs du Pentagone de la moyenne Fortification &
de l'Exagone de la pente, se voit re-
presentée, d'autant que les demy-gorges de ces deux Polygones arrivent à
26 & à 27 toises.

La premiere ligne du premier Parapet à cinq toises de retraitte dans
l'enfoncement du Flanc, & là derniere ligne du même Parapet à quatorze toises de long.

La derniere ligne du troisiéme Parapet a quinze toises de longueur, afin
d'avoir au long de la ligne oblique
de ce Flanc, trois pieces à couvert, des
treize Canons de Batterie qu'il peut
contenir comme l'autre.

Les Plates - formes ne sont que de
quatre toises de largeur, les Parapets
de trois, & les Cazemates aussi disposées, en haute, moyenne & basse.
De sorte que depuis la premiere ligne
de tout le Flanc jusques à la derniere

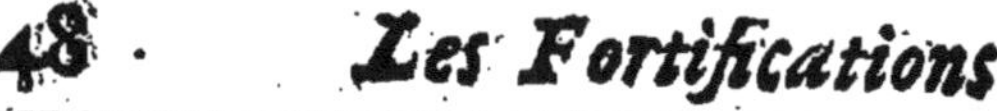

Pl. 5 .   pag. 48.

FORME des Flancs du Pentagone
de la petite Fortification .

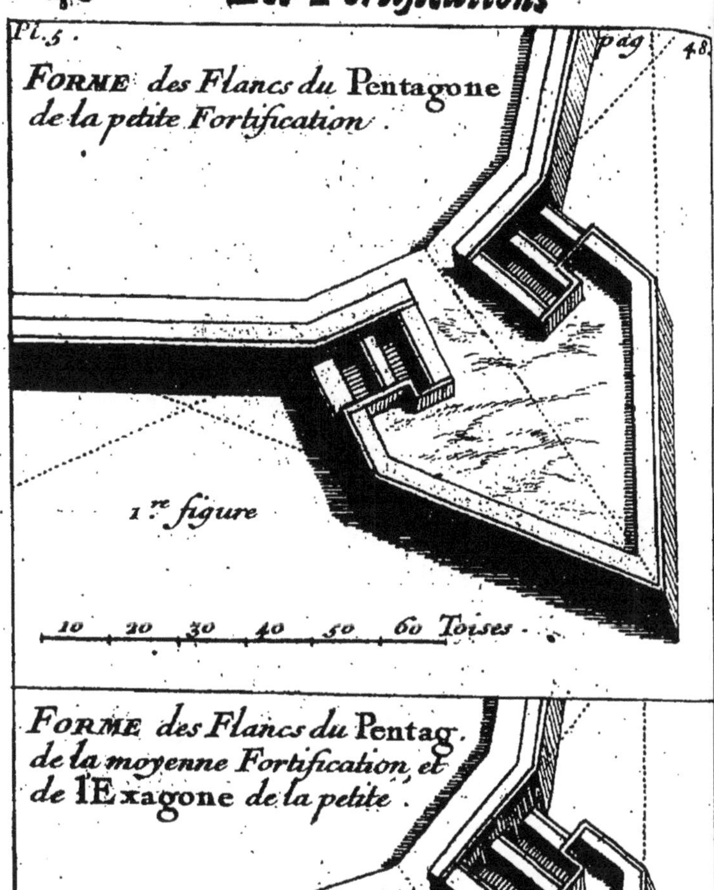

1.ʳᵉ figure

10   20   30   40   50   60 Toises .

FORME des Flancs du Pentag.
de la moyenne Fortification, et
de l'Exagone de la petite .

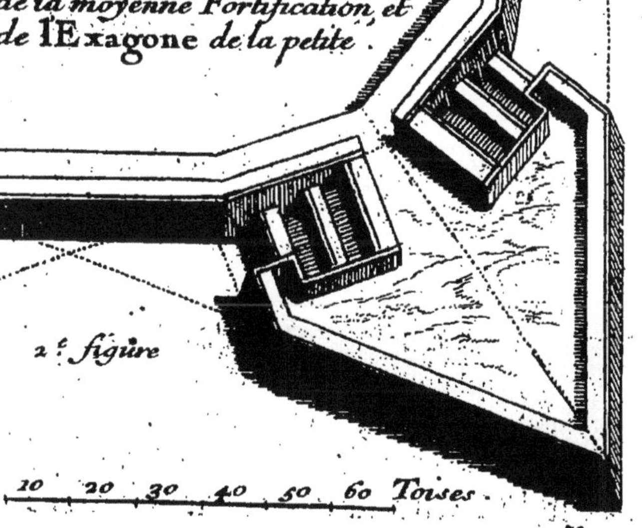

2.ᵉ figure

10   20   30   40   50   60 Toises .

ligne

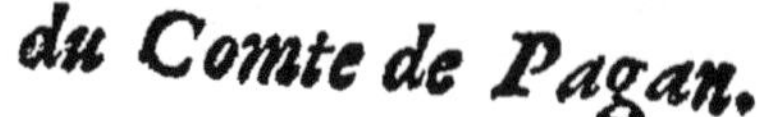

Pl. 6.

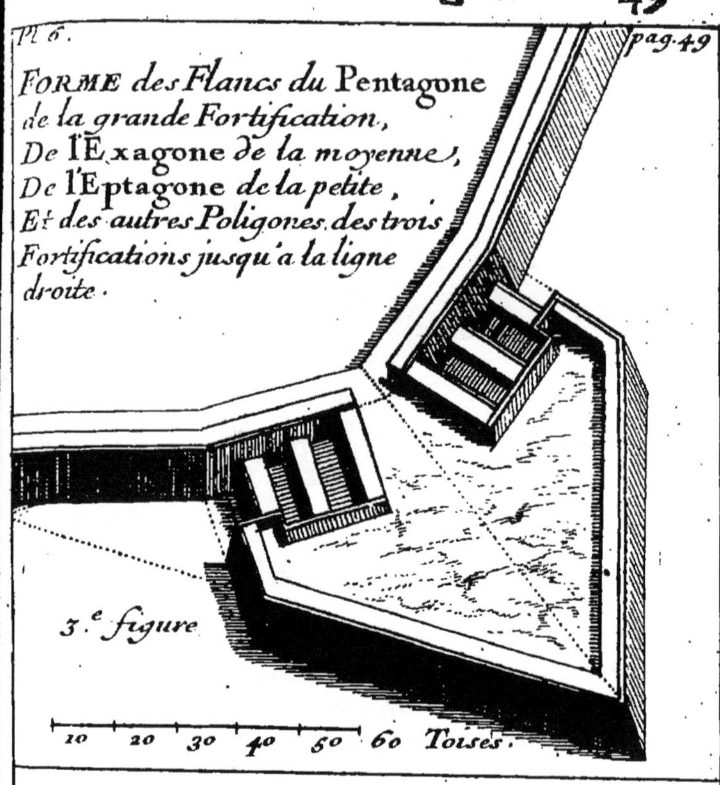

PROFIL
Du Flanc Superieur, sur la longueur
de la muraille de la Demy-gorge.

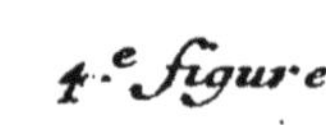

E

ligne du troisiéme Parapet , il s'y compte 24 toises d'enfoncement.

En la troisiéme Figure.

PAroist la forme des Flancs du Pentagone de la grande Fortification, de l'Exagone de la moyenne , de l'Heptagone de la petite , & generalement de tous les autres Polygones des trois Fortifications jusqu'à la ligne droite , dont les moindres demi-gorges des Baltions excedent le nombre de trente toises.

Mais parce que la difference de ce Flanc à celuy du Pentagone de la moyenne Fortification , n'est qu'aux seules largeurs des Cazemates , celles-cy de cinq toises , les autres de quatre , & tout le reste semblable : je n'en diray pas davantage , sinon qu'en tous ces Flancs les portes ou entrées des Cazemates , doivent estre dans les Remparts du costé de la Place.

Et en la quatriéme Figure.

LE profil du Flanc du Pentagone de la grande Fortification se trouve representé avec toute sorte de justesse , & figuré sur la muraille de la demi-gorge ou prolongement de la ligne de deffense.

La plus basse ligne de main droite, montre le fond du fossé , & la retraite de cinq toises de la premiere Cazemate.

Les trois Cazemates s'y voyent en leurs justes proportions : la premiere ou basse de la hauteur de deux toises, la seconde ou moyenne de quatre , & la troisiéme ou haute de six, à compter le tout du fond du fossé , & supposant la hauteur du Rempart de la Place de trois toises sur le niveau naturel de la terre, & la profondeur du fossé de trois toises au dessous. (35)

35. Il ne parle point des Cavaliers que les autres placoient ordinairement dans les Gorges de leurs Bastions, ce qui estoit peut-estre cause qu'ils menageoient ainsi cét endroit, & qu'ils faisoient scrupule d'y placer leurs Flancs retirez, mais comme leur seul usage est de contre-commander quelques endroits qui se trouveroient plus élevez que la Place , & qu'ils ne sçauroient presque servir à deffendre le fossé à cause de leur trop grande hauteur , il est peu important où on les place quand on en a besoin, & il n'y a aucune raison de priver à leur consideration les Gorges du veritable usage auquel elles doivent estre employées.

Que si la hauteur du Rempart, & la profondeur du fossé n'estoient par exemple que de quatre toises en tout, il en faudroit reduire les proportions des Cazemates à huit pieds de hauteur pour chacune, & laisser tout le reste semblable & conformement aux mesures de l'Eschelle de ce profil, dont l'intelligence n'est que trop aisée.

CHAPITRE V.

Des Bastions, des Remparts, & des Fossez.

TOus les ouvrages des Fortifications & des travaux de terre *ou de Massonnerie*, (36) ne consistant qu'en Fossez & en Remparts, ceux-là sont passez aprés les deffenses rom-

36. J'Ay ajoûté à l'ancien Texte, *ou de Massonnerie*, afin de rendre la division plus juste, les Fossez estant à proprement parler les seuls Ouvrages de terre, & les Remparts principalement dans la maniere de nostre Auteur devant estre de massonnerie.

puës par le Canon, (37) & ceux-cy fur-
montez aprés avoir esté renverfez par
les Mines. Mais oppofant par mes
nouvelles inventions l'Artillerie à
l'Artillerie pour la deffenfe des Foffez, (38) il me faut de même oppofer la Mine à la Mine pour la confer-
vation des Remparts, afin de n'apporter pas plus de retardement au
paffage de l'un, que de difficultez &
de longueur aux attaques de l'autre.
A quoy ne pouvant toutefois arriver
fans apporter du changement en la
difpofition interieure des Baftions, je
vous en fais voir maintenant cette
nouvelle Figure ; & en fon double
Rempart, la commodité de les pouvoir deffendre affez long-temps pour

37. Ce n'eft pas que l'on ne puiffe faire
bréche par le Canon, mais la maniere la plus
ordinaire & la plus prompte de renverfer les
faces des Baftions, eft la Mine.

38. Les feconds Foffez qu'il pratique peuvent
fervir de Contre-mines, parce que laiffant peu
d'épaiffeur au Rempart du Baftion il peut arriver que la Mine trouvant moins de refiftance
du cofté de ce Foffé interieur n'y faffe pas tout
fon effet, ce n'eft pourtant pas ce que veut dire
noftre Auteur, & ce n'eft pas fur cela feul
qu'il fonde l'avantage de ce fecond Foffé comme on le verra dans la fuite.

en maintenir davantage les Places.
(39) Car si le Bastion est tout remply de terre comme il l'est ordinairement, les Ennemis sont toûjours
au dessous de vous, & par la violence des Mines & des fourneaux rei-
terez, ils vous forcent en moins de
trois jours à vous rendre, (40) & vos
retranchements interieurs & peu pro-

39. Les Auteurs sont fort partagez sur cette
question, sçavoir si les Bastions pleins sont preferables aux vuides, la plus saine opinion don-
noit la preference aux pleins à cause des retranchemens que l'on y pouvoit faire après le premier effort des Assiegeants & le renversement
du Rempart; mais il est certain que nostre
Auteur faisant ce retranchement à loisir par le
moyen de ce second Bastion, qu'il fait interieurement, il seroit sans comparaison capable
d'une plus grande resistance.

40. L'on peut même dire de ces retranchements faits à la hâte qu'ils sont aussi aisément détruits que construits, & l'exemple de
quelques grands Capitaines qui s'y sont deffendus & qui y ont fait des Capitulations hono-
rables ne conclut rien en leur faveur; car outre que ces exemples sont rares l'on peut dire
que dans le peu qu'on en sçauroit alleguer, la
valeur & la prudence extraordinaire de ceux
qui s'y sont deffendus y ont la meilleure part:
Enfin c'est une grande temerité (quand on
le peut éviter) de se fier à de si foibles res-
sources.

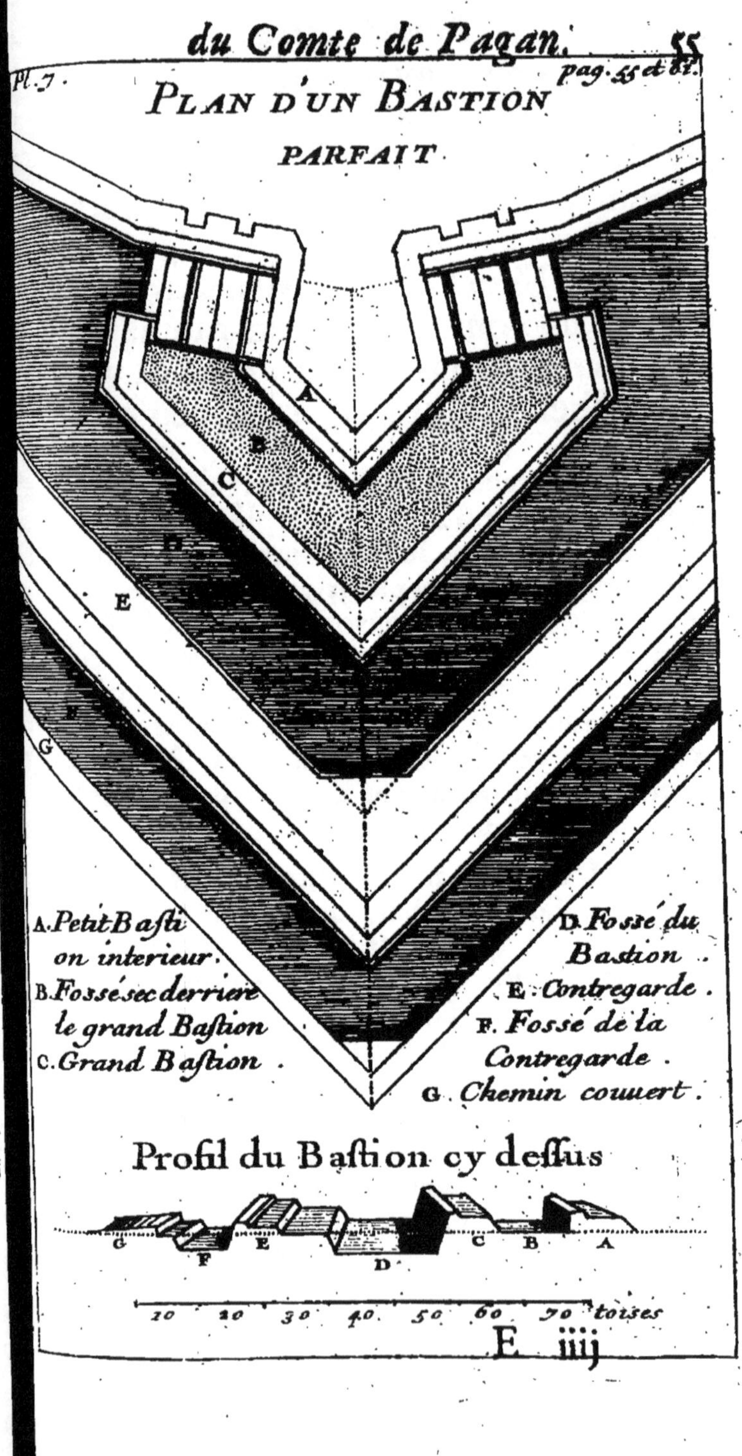
Pl. 7.
pag. 55 et 61.
PLAN D'UN BASTION
PARFAIT
A
B
C
D
E
F
G
A. Petit Bastion interieur.
B. Fossé sec derriere le grand Bastion
C. Grand Bastion.
D. Fossé du Bastion.
E. Contregarde.
F. Fossé de la Contregarde.
G. Chemin couuert.
Profil du Bastion cy dessus
G F E D C B A
10 20 30 40 50 60 70 toises

fonds, ne vous donnent que le seul avantage de traiter pour le salut & pour la vie. Que s'il n'est environné que d'un simple Rempart, & que le temps & les autres occupations des Soldats ne vous permettent pas d'élever un grand & convenable retranchement, vous estes pour lors contraint à capituler devant que le Bastion soit ouvert par la premiere Mine : Mais si aprés le Rempart vous avez un Fossé de raisonnable profondeur, & puis un autre Rempart aussi haut que le premier, (de même qu'en ce Plan d'un Bastion parfait & achevé selon mes nouvelles maximes,) vous pourrez alors entretenir fort long-temps les Assaillans dans l'occupation de gagner le premier Rempart, tant par les trois Canons cachez de vos flancs, (41) que par les

41. On a déja parlé de la facilité que ce second Fossé apporte à contreminer, & c'est pour cela qu'il dit encor cy-aprés (N°. 47.) que s'il se pouvoit faire il souhaiteroit que les Remparts eussent moins d'épaisseur que sept toises, mais dans l'épaisseur même qu'il leur donne, ce ne sera jamais une chose fort difficile que de contreminer, & ce sera un Ouvrage que l'on achevera toûjours avec facilité & en peu de temps par le moyen de ce second Fossé.

contremines faites fous voftre Rempart à loifir & du fond du fecond Foffé. Que fi nonobftant ces difficultez les Ennemis fe logent fur le premier effet de leur Mine , vous les combatrez alors , par le front de vôtre fecond Rempart à coups de Canon & de moufquet , par flanc & à coups de main des deux coftez du premier Rempart , & prenant promptement le deffous à la faveur du fecond Foffé , vous les renverferez par des fourneaux faits à la hâte : ainfi vous fervant toûjours du même artifice , vous les obligerez à recommencer plufieurs fois le même jeu , avec autant de perte pour eux que d'avantage & de gloire pour vous. Cependant afin de les empêcher de paffer deffous le fecond Foffé pour miner le fecond Rempart , & s'ouvrir tout d'un coup le chemin au centre du Baftion , (42) 42 ne manquez pas de faire creufer une

42 L'on peut demander pourquoy il ne veut pas que l'on faffe d'abord ce fecond Foffé de toute la profondeur qu'il veut qu'on luy donne au befoin & en cas d'attaque , afin qu'on ne puiffe pas faire un chemin par deffous pour miner tout d'un coup le Baftion interieur , à quoy l'on peut répondre. Premierement , que

profonde tranchée le long du second Fossé du côté de la même attaque.

Sans parler donc des autres avantages de cette nouvelle disposition des
Bastions, ny des autres retranchemens qui se font ordinairement vers
la Gorge; Je passeray à l'explication
de cette Figure, representant le Plan
d'un Bastion parfait de l'Exagone de ma
grande Fortification, pour servir de
modele general à tous les autres, ne
differant entre eux que par la varieté

pour les Places à Fossez pleins d'eau, non
seulement il est inutile de creuser ce second
Fossé au dessous du niveau de l'eau, parce que
l'on ne sçauroit miner au dessous, mais qu'il
seroit même desavantageux de le faire, parce
que ces Fossez doivent necessairement estresecs,
la facilité du combat de la main y estant plus
necessaire que nulle part ailleurs. Secondement
pour les Places à Fossé sec il arriveroit que le premier Rempart en deviendroit plus foible, &
cela seulement en multipliant la deffense sans
necessité; cette tranchée le long du Rampart
estant un Ouvrage qui s'acheve facilement &
en peu de temps lors qu'il est necessaire: enfin
parce que cette tranchée dont il parle ne doit
pas estre aussi large que le Fossé, puisque son
seul usage est d'éventer les mines que l'on voudroit faire par dessous, à quoy l'on peut ajoûter que ce Fossé pour estre bien deffendu ne
ne doit pas estre fort profond.

des Angles & par les diverses longueurs des lignes.

Tous les Remparts de cette Figure
font de fept toifes de largeur compri-
fes les trois toifes des Parapets, dans
lefquels fe remarquent aufli les murailles de trois pieds d'épaifleur.

Le Rempart des Courtines & des
Baftions qui eft celuy de la Place, eft
de fix toifes de hauteur depuis le fond
du Foflé jufqu'au Terre-plain de fa
fuperficie, fur laquelle s'éleve le Parapet de fix pieds de haut en dedans,
& de cinq en dehors, auquel tous
les autres Parapets font femblables.

Le grand Foflé de la Place eft de
feize toifes de largeur, & de trois en
profondeur, s'il eftoit plus large la
Contre-batterie des Ennemis auroit
trop de front fur la Contrefcarpe, &
en incommoderoit davantage le flanc
oppofé. Mais s'il eft plus profond il
eft encore meilleur, parce qu'il en
rend plus difficiles aux Ennemis & les
defcentes & les paflages.

Les deux flancs de ce Baftion font
femblables à ceux de la troifiéme Figure du quatriéme Chapitre. Et pour
le danger des furprifes à raifon de
leurs baffes Cazemates, on y doit

bâtir des murailles de simple maſſonnerie ſur tous les premiers Parapets des flancs, (43) d'une hauteur
égale à celle de la Place, leſquelles
ſeront facilement abatuës, lors que
l'occaſion s'offrira de vous ſervir de
vos Flancs, en cas de Siege.

Les deux Faces du petit Baſtion du
centre partent toûjours des coins du
flanc, & ſont conduites parallèles aux
murailles des faces de tout le Baſtion
formants un même Angle. Son Rempart eſt de la même hauteur & de
la même largeur que celuy de la Place:
& le Parapet tout ſemblable s'uniſſant
au troiſiéme Parapet des flancs.

Quant à la largeur du Foſſé compris entre le premier & le ſecond
Rempart du Baſtion, elle n'eſt pas
toûjours ſemblable : (44) Mais un
peu diverſe ſelon la Fortification &

43. Je croy qu'on ne ſçauroit ſe tromper en
creuſant au pied des flancs un petit Foſſé pour
recevoir les ruines de cette muraille qu'il fait
conſtruire au deſſus de la Place baſſe pour empêcher les ſurpriſes ; car autrement les ruines
de cette muraille rendroient la montée de ce
flanc trop facile.

44. La diverſité des largeurs de ce Foſſé
vient de deux chefs, de l'eſpece de Fortification & du Polygone. 1°. Dans le même Polygone

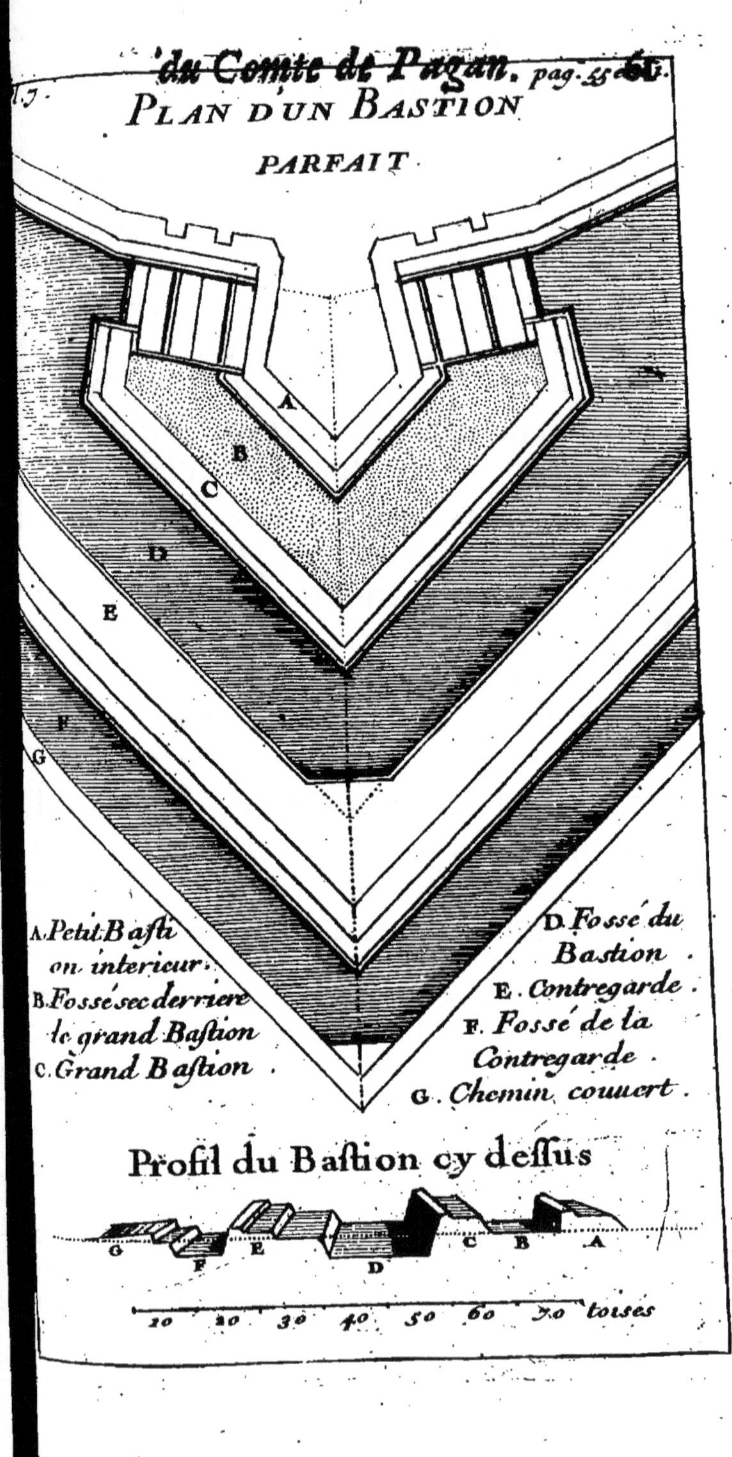

du Comte de Pagan. pag. 55 56
PLAN D'UN BASTION
PARFAIT
A
B
C
D
E
F
G
A. Petit Bastion intericur.
B. Fossé sec derriere le grand Bastion
C. Grand Bastion.
D. Fossé du Bastion.
E. Contregarde.
F. Fossé de la Contregarde.
G. Chemin couuert.
Profil du Bastion cy dessus
G F E D C B A
10 20 30 40 50 60 70 toises

le Polygone; & ſa profondeur·de deux
toiſes ou plus , ſelon le temps ou la
dépenſe *qu'on y veut faire.*

45 (45) Et pour la communication du
dedans de la Place avec le premier
Rempart du Baſtion, les quatre portes
des flancs en ſont les plus commodes
paſſages , comme il ſe voit en cette
Figure.

fortifié ſelon la premiere ou troiſiéme maniere,
comme par exemple dans le Pentagone la difference de la largeur des Foſſez ſeroit de 12 à
15 toiſes , parce que la demy-gorge eſtant plus
petite dans la troiſiéme maniere que dans la
premiere , & par conſequent le flanc ſuperieur
moins retiré comme l'on a veu cy-deſſus
(ch. 4.) Or c'eſt du Parapet de ce flanc ſuperieur que l'on tire les faces du petit Baſtion
paraleiles aux faces du grand Baſtion. 2°. Dans
la même maniere de fortifier , moins le Polygone à des coſtez , plus auſſi le Foſſé devient
étroit dans la ſeconde maniere au deſſous de
l'Exagone ,& dans la troiſiéme au deſſous de
l'Eptagone par les mêmes raiſons.

45. Il n'explique pas ſuffiſamment cette communication, car il ne dit pas par où l'on de-
vra·paſſer des Flancs à ce premier Rempart je
ne trouve point de paſſage plus commode que
la retraite ménagée de trois toiſes derriere l'E-
paule , & qui ſe trouve toûjours derriere le
Rempart du flanc bas , hormis dans le Pentagone de la petite Fortification où il ſe trouve
derriere le Parapet du flanc moyen.

Pour ce qui eſt de là grande Contreſcarpe, de ſon Foſſé , & de la petite
Contreſcarpe qui le couvre, j'en parleray au Chapitre ſuivant, n'étant miſes
en cette Figure que pour repreſenter la
forme qu'elles doivent avoir vers les
Angles flanquez ou pointes des Baſtions , aux faces deſquels toutes les lignes de ces contreſcarpes ſont parallèles.

Mais pour ſçavoir de combien eſt
l'ouverture ou la valeur de l'Angle de
ce Baſtion de l'Exagone de ma grande
Fortification ; faites comme il vous eſt
enſeigné dans le troiſiéme Chapitre, &
vous trouverez *cét Angle* de 86 degrez & 36 minutes. Car oſtant l'Angle du centre de l'Exagone de ſoixante
degrez , de l'Angle flanquant de ma
grande Fortification de 146 degrez &
trente - ſix minutes , il vous reſtera
pour l'Angle des Baſtions de cét
Exagone 86 degrez & 36 minutes.

(46) Et quant à ce qui concerne
les Talus des Remparts de terre, la
maſſonnerie des murs, & tant d'autres choſes communes & ordinaires, je

---

46. L'on donnera au plûtôt un Traité de
la Conſtruction effective des Fortifications, où
l'on expliquera toutes les choſes dont il eſt
parlé en cét endroit.

46 m'en remets à la conduite des plus experimentez , & à la diverſe nature des terrains, de la pierre, ou de la brique. (47) Seulement ajoûteray-je, qu'il ne faut point d'autre chemin pour les Rondes que la banquette du Parapet, afin de n'augmenter pas davantage la

47 largeur du Rempart , que je ſouhaiterois plûtôt s'il ſe pouvoit , eſtre moindre pour la facilité des Contremines creuſées du fond du ſecond Foſſé. Ainſi ne faiſant que des Guerites à tous les Angles du Baſtion , & des embraſures dans les Parapets , les Rondes en pourront aiſément voir le pied de la muraille. (48)

47. C'eſt une vieille pratique que ce Chemin des Rondes , dont il y a long-temps qu'on ne ſe ſert plus ; en effet c'étoit un élargiſſement de Remparts inutile dans toute autre maniere de Fortifier , & deſavantageuſe dans celle-cy, où la facilité de contreminer , qui eſt l'une de ſes utilitez , conſiſte dans le peu d'épaiſſeur du premier Rempart juſques au ſecond Foſſé , & c'eſt pourquoy il dit qu'il ſouhaiteroit pouvoir faire ſes Remparts moins épais qu'il ne les fait.

48. Pour rendre ce Chapitre & la conſtruction des ſeconds Foſſez plus intelligible , j'ay crû qu'il eſtoit neceſſaire d'ajoûter un Profil au bas de la Figure.

CHAP. VI.

CHAPITRE VI.

Des Demi-lunes & des Con-trescarpes.

APrés les Fortifications interieures des Places cy-deſſus expliquées, je paſſe maintenant aux exterieures qui ſont au delà du grand foſſé, pour en diſcourir avec autant d'utilité que d'étendüe ſur le plan de ces deux diverſes Figures : où mes nouveaux deſſeins vous repreſentent en l'une de ces Places parfaites, des dehors deffendus ſeulement du mouſquet : & en l'autre de l'Artillerie. Les premieres choſes donc qui ſe preſentent en l'ordre commun des Fortifications aprés le grand foſſé, ſont les Demy-lunes, placées entre les Baſtions ſur les Angles rentrants de la Contreſcarpe, (49) couvrants les flancs de la Place du

49. ILy a deux difficultez en cét endroit : La premiere conſiſte à ſçavoir en quel ſens on peut dire que les Demi-lunes couvrent les flancs. La ſeconde, ſçavoir ſi l'on ne doit

F

coſté de la Campagne, qui eſt ſelon mon ſentiment le plus important effet de leur deffenſe. C'eſt pourquoy les croyant entierement neceſſaires, je vous montreray auſſi la methode de les conſtruire avec les autres pieces de ces Plans. Néanmoins je ne laiſſe pas de trouver des deffauts en

pas plûtoſt dire qu'elles couvrent la Courtine. Ce qui donne lieu à la premiere difficulté eſt la maxime que noſtre Auteur a alleguée cy-deſſus contre les flancs à la maniere d'Errard (ch. 4. Nᵃ. 26.) de laquelle on pourroit conclure que ſi les Demi-lunes couvrent le flanc, elles l'empêcheront auſſi de découvrir les parties auſquelles elles le couvriront ; mais cela importe peu pourveu qu'elles ne le couvrent point aux parties qu'il doit deffendre, c'eſt à dire au foſſé de la face oppoſée, & en effet ſi elles le couvrent c'eſt ſeulement pour empêcher qu'il ne puiſſe eſtre battu d'un front plus large que le foſſé qu'il deffend. Quand à la ſeconde difficulté, il y a des Auteurs qui n'aportent point d'autre utilité des Demy-lunes que celle de couvrir la Courtine & la porte qui eſt ordinairement au milieu de ladite Courtine, & même ceux qui en élargiſſant le foſſé vis à vis de la Courtine ont voulu découvrir la Contreſcarpe des Faces aux flancs oppoſez, ont toûjours fait des Demi-lunes, pour remedier par ce moyen à l'inconvenient dans lequel ils tomboient de trop découvrir le pied de la Courtine ; cependant l'on peut dire abſolument

la force de ces Demi-lunes ; (50) en ce que les foſſez n'en ſont deffendus que des faces des Baſtions, leſquelles ſont trop expoſées aux Batteries des Aſſiegeants pour en empêcher le paſ-ſage. (51) On peut dire auſſi des ſim-ples Contreſcarpes que leur reſiſtance

parlant, que le principal uſage des Demy-lunes eſt de couvrir les flancs de la maniere dont on le vient d'expliquer.

50. Du moins il paroiſt que cette ſorte de dehors ne ſçauroit eſtre inſultée tant que la Place ne ſera point entamée , & la deffenſe qu'elle tire de la Face du Baſtion n'eſt point tel-lement à mépriſer (principalement ſi l'on y mé-nageoit des Batteries à la maniere de Mr Blon-del,) qu'elle ne ſuffiſe pour arreſter les Aſſie-geants pendant un temps conſiderable , & leur faire faire une perte notable à la priſe de cette piece, qui même eſtant priſe ne ſçauroit eſtre d'une grande utilité à l'Aſſiegeant, & qui ap-portera toûjours aux flancs le même avantage de ne pouvoir eſtre veu du coſté de la Campagne, car ce n'eſt guere un endroit propre à dreſſer une Contrebatterie.

51. Pour rendre la priſe de la Contreſcarpe plus difficile quelques Anciens faiſoient au delà du Glacis un petit foſſé ; qui fut bien-toſt con-damné comme n'étant d'aucune importance, & ne faiſant que ſervir de Tranchée à l'Enne-mi. D'autres l'ont heriſſée d'une Paliſſade que l'on plantoit autrefois au delà du Glacis , & maintenant beaucoup plus judicieuſement,

F ij

n'eſt que de peu de jours, parce que les Ennemis les approchent de pied ferme. Ce qui m'oblige à vous preſenter en cét endroit, ces nouveaux ordres de Fortifications exterieures :

52   (52) Le premier aſſez raiſonnable pour le preferer à tout ce que nous en avons veu juſqu'à preſent, & le ſecond de beaucoup plus conſiderable, pour eſtre preſque auſſi bon que la premiere ceinture de la Fortereſſe. Et il ne faut pas apprehender en cela ny la peine, ny la dépenſe, qui ne ſont gueres moindres aux Ouvrages à Cornes & à Couronnes,

(comme nous ferons voir dans la ſuite) ſur la Banquette. Mais aprés tout il faut avouër que toutes ces deffenſes ſont bien foibles, & que ce n'eſt pas ſçavoir deffendre une Place que de s'épouvanter en voyant l'Ennemi logé ſur la Contreſcarpe, & ſe rendre alors qu'il faut commencer à ſe bien deffendre ; car ce ne ſont pas les travaux de la Campagne qu'un Gouverneur peut & doit empêcher, mais c'eſt au paſſage du Foſſé que doit paroiſtre ſa reſiſtance & ſa vigueur.

52. Cette premiere ſorte de Dehors ne differe des anciennes Contregardes qu'à l'égard de la double Demi-lune, dont l'uſage eſt le même que celuy des doubles Baſtions, c'eſt pourquoy on n'ajoûtera rien à tout ce qui a eſté dit cy-deſſus à leur occaſion.

(53) lefquels pour eftre d'auffi gran-53
de garde, que de foible deffenfe, apportent ordinairement plus d'incommoditez à ceux qui les veulent con-
ferver, qu'à ceux qui les attaquent. Ainfi n'eftimant plus ces dehors qui font fi frequents aujourd'huy,
& qui font des remedes auffi foibles que les Fortifications qu'ils repa-
rent ; je ne m'attacheray plus qu'à ces
nouvelles methodes, reprefentées en
ces deux Places parfaites, & mefu-
rées avec tant de juftefle & de pre-

53. Il a bien raifon de dire, en parlant des
Ouvrages à Corne & à Couronne, que *ces
Ouvrages font d'auffi grande garde que de foible
deffenfe.* La grande étenduë de terrain qu'ils
occupent, difperfe extraordinairement une garnifon ; & l'experience n'a que trop fait connoiftre combien ils font faciles à infulter : car
outre que leurs deffenfes font trop petites pour
faire aucune refiftance confiderable, on fçait
combien il eft facile de s'en rendre maiftre
par les coftez & par derriere, quand les deffenfes qu'ils prennent du corps de la Place ne
font pas bonnes. C'eft pourquoy je m'étonne
qu'on fe foit amufé à entourer plufieurs vieilles
Places, comme Maftrich & autres, de ces fortes d'Ouvrages plutoft que d'y faire une bonne
enceinte de Baftions, qui n'auroient pas coûté
davantage, & qui fans comparaifon auroient
efté de meilleure deffenfe.

F iij

cifion , que la feule Figure vous en
pourroit affez inftruire.

En la premiere Figure.

UNe Place parfaite de la grande
Fortification eft reprefentée ,
dont le grand foffé de 16 toifes de
largeur, marqué par deux lignes paralleles aux deux Faces des Baftions
& lignes de deffenfe , formant un
Angle rentrant toûjours égal à l'Angle flanquant de la même Fortification , & toûjours femblable en quelque nombre de fes Polygones que ce
foit.

La Demy-lune fe forme fur l'Angle rentrant de la Contrefcarpe, par
fes deux demi-gorges de 30 toifes
chacune , & par fes deux Faces exterieures chacune de cinquante toifes
de long ; formants un Angle en fa
pointe de 70 degrez & 10 minutes.
Et la petite Demi-lune fe trace par
deux lignes paralleles aux deux premieres Faces , & en diftance de quinze
toifes entieres.

Les Remparts de la Demi-lune
font de fept toifes de largeur, compris
les Parapets de trois d'épaiffeur : &

le Foſſé d'entre les deux, n'eſt que pour en mieux deffendre le premier, ſelon nos maximes du precedent Chapitre.

La grande Contreſcarpe du foſſé des Baſtions eſt de cinquante toiſes de longueur, & tous ſes Parapets & ſes Remparts ſont paralelles à leurs Faces.

Le Foſſé de la Contreſcarpe eſt de douze toiſes de largeur, & celuy de la Demi-lune de douze auſſi, allant au grand foſſé de la Place.

Quant à la petite Contreſcarpe qui regne autour de tous ces foſſez, elle eſt de quatre toiſes de largeur & a ſes Banquettes & ſon Glacis à l'ordinaire de toutes les autres.

Et parce que toutes ces meſures peuvent ſervir aux trois regles de mes Fortifications, ſans autre changement qu'en la valeur de l'Angle de la De-mi-lune, (54) lequel diminuera ainſi que le flanquant, mais de fort peu,   54

54. L'Angle flanqué de la Demi-lune change comme l'Angle flanquant du Polygone, auquel l'Angle que font les demi-gorges de la Demi-lune eſt toûjours égal. Cét Angle flanquant eſtant donc connu on connoîtra l'Angle flanqué en cette ſorte : Premierement on con-

je ne donneray point d'autre forme
de ce dehors que celle de la preſente
& premiere Figure : en laquelle la
grande Contreſcarpe ainſi diſpoſée, ſe
peut auſſi nommer Contregarde.

noiſtra les Angles ſur la baſe du Triangle iſo-
cele A C B en oſtant l'Angle flanquant de 180
& prenant la moitié du reſte pour chacun
deſdits Angles ; enſuite on connoîtra la Baſe
en cette ſorte. Comme le Sinus de l'Angle B
A C, eſt au Sinus du complement de l'Angle
A C B, de même le côté B C, de 30 toiſes
ſera à la Baſe A B. Cette baſe eſtant connuë,
on aura l'Angle flanqué que l'on cherchoit
par cette analogie. Comme D B, eſt au Sinus
total, de même E B eſt au ſinus de la moitié
de l'Angle flanqué , & ſi l'on veut avoir les
Angles de l'épaule de la Demi-lune on les connoiſtra en cette ſorte. Comme A B, eſt au Sinus
de l'Angle flanqué , de même A D, eſt au Sinus
de l'Angle A B D , auquel l'Angle A B C
connu eſtant aiouſté , on aura l'Angle de l'é-
paule qui eſt toûjours égal à l'Angle F G H
de la Contregarde. Enfin on connoiſtra l'Angle G E I de la même Contregarde, qui eſt
égal à l'Angle rentrant de la Contreſcarpe ; en
oſtant l'Angle F G H de 180. Enfin ſi l'on
veut ſçavoir toutes les longueurs preciſes de
la Contregarde, on connoiſtra, 1°. le prolongement M H du Diametre en cette ſorte:
comme le Sinus total eſt à la ligne M P, qui
comprend les largeurs données du foſſé & de
la Contregarde, de même la ſecante de l'Angle P M H, qui eſt le complement à l'Angle

En

En la seconde Figure.

UNe Place parfaite de la moyenne Fortification est aussi repre-
sentée : le Fossé en est de seize toises de
largeur, tracé par deux lignes paral-

droit de la moitié de l'Angle flanqué, est à
la ligne M H. Cette ligne estant connuë on
connoistra la ligne H N en cette sorte : comme le grand Demi diametre est à la partie
M R de la ligne de deffense connuë par la
construction, ainsi le même grand Diametre
augmenté de la ligne M H est à la ligne N
H ; par le même moyen on aura la ligne I C,
& ostant de ces lignes les longueurs C F &
N H on aura la longueur des deux Faces de
la Contre-garde : ensuite si l'on veut avoir dans
la derniere precision les parties C F & N H,
on les connoistra en cette sorte. 1°. On connoistra la ligne B F par cette analogie : comme le Sinus de l'Angle de l'Epaule de la Demi-lune est à la largeur du Fossé, ainsi le Sinus
total est à la ligne B F ; & ajoûtant cette
ligne à la Demi gorge de la Demi lune de 30
toises, on aura la longueur C F. Semblablement on connoistra la ligne N G en cette
sorte. 1° Il faudra chercher la longueur S B
(qui est la même que G F) en cette sorte :
comme le Sinus de l'Angle de l'Epaule est à
l'épaisseur de la Contregarde donnée, ainsi
le Sinus total est à la ligne B S, laquelle estant
connüe, la ligne D S, le sera aussi, & servira
à faire connoistre la ligne N S par cette analogie. Comme D B est à C B, ainsi D S est

G

leles aux Faces des Bastions & lignes
de deffense , faisant un Angle rentrant toûjours égal au flanquant de la
même Fortification , & toûjours sem-
blable.en tous les nombres de ses Polygones.

La grande Contrescarpe regnant
tout autour du Fossé de la Place , est
toûjours de vint-cinq toises de largeur : son Rempart est de sept toises:
son Parapet de trois : & les dix-huit
toises de reste sont pour des logemens
en façon de Faux-bourgs. (55)

55 à N S , laquelle avec G S estant ostée de N
H , on aura la ligne G H que l'on cherchoit.
Mais ces precisions ne sont utiles que dans la
construction effective des Fortifications , & où il
s'agit de payer les Ouvriers à la toise , encore
dans ces occasions même il suffit de mesurer
actuellement.

55. On sera peut-estre bien-aise de sçavoir
combien ces sortes de Faux bourgs pourroient
contenir de logements, & quelle forme ils pourroient avoir. Premierement il est certain que
cette espece de Fauxbourgs seroient beaucoup
meilleurs que les ordinaires , & ne seroient pas
sujets comme les autres à estre desolez sans
ressource en cas du Siege , & pendant tout le
cours d'une longue Guerre exposez aux insultes
des Partis, qui viennent quelquefois brûler les
autres impunément , ou les obliger à contribuer. Pour ce qui regarde la quantité des logemens en laissant une ruë de trois toises sur

Les Flancs de cette grande Contrefcarpe *qui font de vingt toifes de long,*
comprennent trois Parapets chacun,
ainfi que ceux des Baftions, & peuvent contenir, trois Canons au premier, quatre au fecond, & deux au

le bord du Foffé, & une autre de femblable
largeur au pied du Rempart, on pourroit di-
ftribuer les douze toifes qui refteroient en telle
forte que les trois quarts feroient remplis de
logements, dont chacun auroit dix-huit pieds
en quarré, & ainfi dans chaque grande Contrefcarpe vis à vis les Faces des Baftions on
pourroit menager 150 logements de cette grandeur ; car pour la partie qui fe trouve devant
la Courtine on pourroit la referver pour y faire
des Corps-de-Garde, & pour y loger une partie de la Garnifon ; fi l'on s'étoit fervi de
cette forte de deffenfe, l'experience auroit
mieux fait connoiftre à quoy on auroit pû
employer ce terrain. Ce que l'on peut dire
contre ce projet de Faux-bourgs, eft qu'é-
tant une fois pris, ces logements auroient
pû fervir aux Affiegeants pour fe couvrir,
& que c'eft pour cette raifon que l'on n'en
fouffre point, à une certaine diftance autour des Citadelles ; mais on peut répondre
que ces logements eftant decouverts du cofté
de la Place, ils peuvent eftre facilement renverfez. L'on pourroit adjoûter en leur faveur,
que les Caves de ces logements pouroient fervir de Contremine à cette grande Contrefcarpe, mais c'eft trop s'eftendre fur un projet qui
n'a point eu de fuitte.

G ij

troisiéme, faisant en tout neuf pieces, dont deux peuvent estre cachées de même qu'aux flancs de la premiere Figure du quatriéme Chapitre : & quant à leurs formes particulieres, il sera plus facile de les connoistre & de les mesurer en la Figure, que de les apprendre par tant de paroles confuses.

(56) Le Fossé de la grande Contrescarpe est de douze toises de largeur, marqué par des lignes paralleles à son Rempart, sur l'Angle rentrant:

56 Le Calcul de cette grande Contrescarpe n'est pas plus difficile que l'autre, & premierement pour ce qui regarde la Demi-lune c'est le même que l'autre, & dans cette Contrescarpe il y a deux parties à connoistre ; sçavoir le Rhombe A B C D, & le Pentagone irregulier D E F G H, mais l'on connoistra d'abord les longueurs A G & B H en cette sorte, Comme le grand Diametre est au même grand Diametre plus L G, ainsi L M est à G A, & comme le grand Diametre est au même grand Diametre plus L H, ainsi L M est à B H. Ensuite pour connoistre en particulier toutes les parties, on le fera en cette sorte. 1°. Dans le Triangle A B D les Angles D A B & D B A sont connus estant chacun la moitié de l'Angle flanquant, l'Angle A D B sera aussi connu, & la perpendiculaire B I donnée de vint-cinq toises, ainsi on aura le reste en cette sorte. Comme le Sinus total est à la perpendiculaire B I, ainsi la secante de l'Angle I B D

Pl. 8. pag. 77

FORME DES DEUX DEHORS
du Comte de Pagan
Premier et petit Dehors.

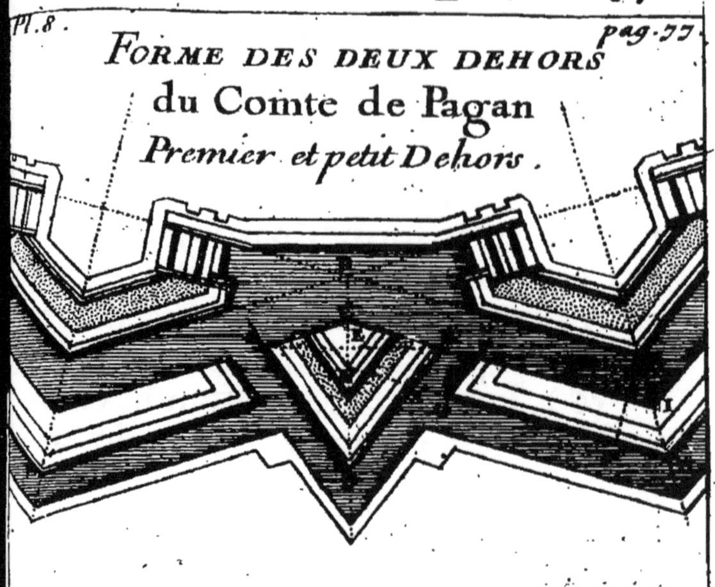

Second et grand dehors

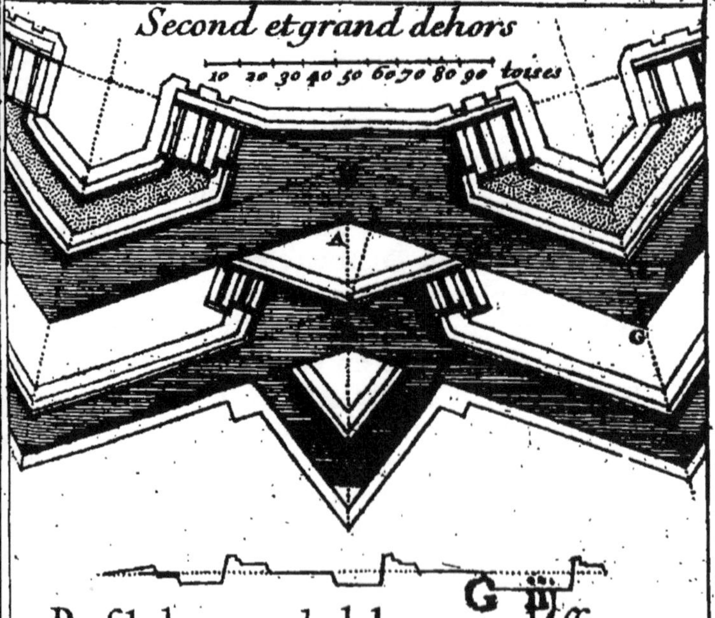

Profil du grand dehors cy dessus.

desquelles se trace la Demi-lune, avec ses deux Demi-gorges de vingt toises chacune, & ses deux Faces chacune de trente-quatre toises de long, formant un Angle en la pointe de 67 degrez & 50 minutes.

Le Rempart de la Demi-lune est comme les autres, son Fossé large de dix toises, & la petite Contrescarpe des Fossez de la *premiere & grande Contrescarpe*, & de la Demi-lune, est de quatre toises de largeur avec ses Banquettes & son Glacis comme

est à B D, ou C B, ou C A, ou A D, & comme le Sinus total est à la secante de l'Angle A B, ainsi la perpendiculaire B I est au Diametre du Rhombe A B. Maintenant dans le Triangle rectangle B E F tous les Angles sont connus, puisque l'Angle E B F est le complement au demi-cercle de l'Angle flanquant, & que l'Angle E F B est le complement au demi-cercle de l'Angle de l'Epaule, & le flanc E F de vint toises, on aura le reste par cette analogie. Comme le Sinus total est à E F, de même la Tangente du même Angle est à B E, & ainsi l'on aura la ligne F H, & l'enfoncement des Cazemates E D dans la derniere precision. Pour les Angles du Pentagone D E F G H, l'Angle F est égal à l'Angle de l'Epaule, l'Angle E est droit, l'Angle D est égal à l'Angle flanquant, l'Angle H est égal à la moitié de l'Angle flanqué, & l'Angle G est son complement au demi-cercle.

en toutes les autres.

Et d'autant que toutes ces mesures peuvent servir aux trois regles de mes Fortifications, sans autre changement qu'en la valeur de l'Angle de la Demi-lune, lequel augmentera en la grande Fortification & diminuëra en la petite, ainsi que l'Angle flanquant. Je ne donneray point d'autre forme de ce dehors que celle de la presente & seconde Figure.

Quant à la profondeur des Fossez de ces deux Fortifications exterieures, elle est de deux toises, & la hauteur de leurs Remparts de quatre, sans compter les Parapets. Et pour le choix qui s'en peut faire, j'estime que la grande Contrescarpe de la seconde Place est preferable *à l'autre*, tant pour la commodité de son logement, capable de contenir un grand nombre de personnes & d'animaux necessaires, mais dangereux dans la Forteresse assiegée; que par la forte deffense qu'elle prent de l'Artillerie de ces flancs, puisque la Mousqueterie n'est pas si favorable en cette rencontre, ainsi que chacun sçait par sa propre experience. Toutefois la Demi-lune de cette premiere Place n'est pas tant à méprifer, par l'artifice que nous avons déja montré de deffendre les doubles Remparts dans le cinquiéme Chapitre. (57)

57. Afin que l'on puiffe fe reprefenter auffi facilement les hauteurs & les profondeurs de tous ces ouvrages, que l'on en voit les longueurs & les largeurs, on a trouvé bon d'ajoûter un Profil à la Figure.

L'on pourroit demander pourquoy la Courtine de cette efpece de dehors n'eft pas droite, mais qu'elle s'avance en Angle faillant. Le Comte de Pagan n'en donne poit de raifon, mais on peut en imaginer deux qui l'y auront porté. La premiere eft pour contenir plus de Soldats & plus à leur aife dans ce Rhombe. La feconde eft peut-eftre, afin que les Flancs de cét Ouvrage venant à eftre ruinez cette Courtine tire encor quelque deffenfe des Baftions de la Place; mais cette derniere raifon eft bien foible.

CHAPITRE VII.

Du nombre & de l'usage de l'Artillerie.

PUisque je parle si souvent de l'Artillerie, des avantages qu'elle apporte en la deffense des Places, & de tant de flancs capables d'en contenir un si grand nombre, il n'est pas raisonnable de passer plus avant, sans essayer de satisfaire auparavant les curieux sur les difficultez de cet Article : (58) car je ne doute point que plusieurs ne s'étonnent d'abord de la trop grande quantité de Canons, qui

58. SI jamais on a eu raison de dire que la principale deffense des Places consiste dans le bon usage d'une quantité suffisante de Canon, c'est assurément en ce temps icy, où les Places fortifiées à la maniere Ancienne, ne sçauroient résister à l'effort des Batteries avec lesquelles on les foudroye, & comme l'on ne sçauroit douter que la prise ou la perte d'une Place ne decide quelquefois du sort des Provinces entieres, & même ne fasse la meilleure partie du bon ou malheureux succez d'une Campagne, ce seroit estre ménager dans les

femblent neceffaires à des Fortereffes ainfi difpofées , & qu'en confiderant la dépenfe & les incommoditez qu'ils ont accoûtumé de caufer , ils ne fe forment incontinent cette objection au prejudice de mes maximes : mais comme leurs raifonnemens ne peuvent eftre fondez , que fur le mauvais exemple de ceux qui fe font jufqu'à prefent mal fervis de l'Artillerie en la deffenfe des Places ; j'ay refolu de vous montrer en cét endroit quel en doit eftre le veritable ufage ; & de vous faire voir avec la même facilité quel en eft à peu prés le nombre le plus neceffaire.

Or le premier de ces deux points, confifte à fçavoir bien ménager les pieces de Canon, en ne les employant qu'aux lieux de la plus utile deffenfe : & les munitions de la poudre & de

chofes où rien ne doit eftre épargné, que de l'eftre en cette occafion. En effet on ne fait point de difficulté d'armer quantité de Vaiffeaux d'un plus grand nombre de Canons que noftre Auteur n'en demande, & cependant perfonne ne doute que la perte d'une Place forte n'apporte toûjours plus de dommage à l'Eftat que la perte d'un Vaiffeau ; ainfi il ne faut pas craindre que l'on fe rebute d'une bonne maniere de fortifier, par cette confideration.

leurs boulets, en ne les tirant qu'aux endroits les plus neceſſaires. Ne faites donc pas comme ceux qui couvrant les Remparts de toute leur Artillerie, commencent dés les premiers jours à ſaluër les Ennemis du grand bruit de leur *Canon*, & qui continuant dans la même erreur juſqu'à-ce que leurs Parapets ſoient abbatus par les Contrebatteries, ne font que témoigner une fauſſe apparence de courage & d'obſtination : laquelle venant à diminuer, tant par le mauvais uſage du reſte de leurs pieces, que par le peu d'empêchement qu'en ont receu les approches des Ennemis, ils ſe trouvent incontinent privez des moyens d'une plus longue deffenſe. Car qui ne ſçait la facilité de s'avancer & de ſe couvrir ſur la terre-ferme, par de bonnes & profondes tranchées, toûjours exemptes du Canon, & la commodité de paſſer auſſi les Foſſez ſans danger, quand ils ne ſont point flanquez de l'Artillerie ? (59) **59** Ceux là choquent donc les plus eſſen-

59. Noſtre Auteur eſtablit par tout pour principe, que le veritable uſage de l'Artillerie conſiſte à deffendre le Foſſé ; mais pour cela il faut deux choſes. Premierement il faut qu'elle

tielles maximes de la deffenſe, leſquels convertiſſant le plus grand effort de leurs Batteries contre les travaux de la Campagne, ne ſe reſervent à deffendre les Foſſez qu'avec la ſeule Mouſqueterie : contre laquelle les remedes ſont ſi aiſez, que peu de volées de Canon empêchent de tirer des Parapets, & que des planches de moyenne épaiſſeur n'en garantiſſent que trop les Galeries.

Mais il n'eſt pas raiſonnable d'attribuer tous ces deffauts, à ceux qui deffendent maintenant les Places, puiſque les meilleures Fortifications de ce temps n'ont que des flancs, ou ſi petits ou ſi foibles en nombre de Canons, qu'ils ſont ruinez en

ſoit ſuffiſante pour reſiſter aux Batteries des Ennemis, & c'eſt dans cette veuë qu'il veut que le flanc de la Fortereſſe ne puiſſe eſtre battu par un front plus large que celuy qu'il employe à ſa deffenſe, & c'eſt auſſi dans ce deſſein qu'il y ménage trois pieces retirées qui ne peuvent eſtre démontées. Secondement il faut que le Canon deffende directement le Foſſé de la Face du Baſtion oppoſé, & c'eſt pour cela qu'il fait ſes flancs perpendiculaires ſur le prolongement de la ligne de deffenſe, & qu'il fait des Places baſſes, afin que les coups eſtant tirez de moins haut ſoient plus ſeurs.

moins de deux jours par de mediocres Batteries sur les Contrescarpes
opposées. (60) Et il ne sert de rien
d'alleguer en faveur des Auteurs modernes de cette science, les avantages
du second flanc pris sur une partie
de la Courtine : puisqu'il est absolument impossible d'y loger des pieces
pour battre le fond du Fossé, à raison
du grand biais, & que par les Batteries des Assiegeans du plus loin de la
Campagne, les Parapets en sont incontinent rasez, ou rendus inutiles
pour les Canons & la Mousqueterie.
De plus tous leurs Polygones depuis
le quarré jusqu'à l'Exagone, dont se
forment les Forteresses les plus importantes, sont privez ou peu secou-
rus de cette deffense de la Courtine ;
sur le prolongement de laquelle leurs
flancs estans perpendiculaires & retirez, il en arrive encore que le second
Parapet ne peut qu'à peine voir le

60. L'on a déja remarqué cy devant le peu
d'utilité des seconds flancs pour deffendre le
passage du Fossé, parce que ne pouvant le faire
par le moyen du Canon, on trouve roûjours
assez de moyens de le passer à couvert de la
Mousqueterie, qui même n'est pas d'un grand
service en cet endroit.

Foſſé du Baſtion qu'il deffend, que
d'une ſeule de ſes embraſures. (61)
Ce que j'ay crû devoir ajoûter en cét
endroit outre les choſes alleguées en
mon premier & quatriéme Chapitre,
pour rendre les hommes plus ſuſce-
ptibles de mes nouveautez : auſquelles
ils ont coûtume le plus ſouvent de
s'oppoſer, plûtoſt par repugnance, ou
pour reprendre, que par connoiſſance
ou pour s'inſtruire.

Quant au nombre de l'Artillerie
neceſſaire à la deffenſe de mes Places, il ne ſera pas trop difficile de
vous y répondre, aprés les choſes cy-
deſſus expliquées & celles que je ſuppoſe enſuite, ſçavoir.

Que ce n'eſt point la quantité des
Baſtions, mais la quantité des atta-
ques qui doit limiter le nombre des
Canons des Places aſſiegées.

(62) Que les plus grandes & les

61. Ceux qui ſçavent de quelle maniere on
attaque preſentement les Places n'auront pas
de peine à demeurer d'accord que cette deffenſe eſt bien peu de choſe, & eſt tres facile
à ruiner.

62. Il ne faut pas trop ſe fier à cette maxime, il eſt impoſſible de limiter les forces
d'un ennemi qui vous vient attaquer, ny par

plus puiſſantes Armées n'ont jamais fait que deux attaques au plus : non par la conſideration des Places aſſail- lies , mais par l'impoſſibilité d'en faire davantage , notamment contre des Fortereſſes ſemblables aux mien- nes.

(63) Que contre deux attaques ſeu- lement , il ne faut employer que deux Flancs, tous les autres vous eſtant inu- tiles.

(64) Que les Flancs de tous les Polygones de mes trois Fortifications,

conſequent de determiner le nombre de ſes attaques , principalement s'il ſçait que vous n'en pouvez deffendre que deux , ainſi je croy qu'il ſeroit toûjours dangereux de ſe tailler les mor- ceaux de ſi prés.

63. Cette maxime n'eſt pas vraye ſi l'atta- que ſe fait à la pointe du Baſtion , car alors il faut eſtre preſt pour deffendre le paſſage des deux coſtez , & par conſequent deux Flancs ſont neceſſaires en ce cas là pour chaque at- taque.

64. En parlant de la conſtruction des Flancs (ch. 5.) il ne mettoit que treize pieces de Ca- non dans chaque Flanc de la grande Fortifi- cation , & icy il en met quinze , cela ne ſe peut enrendre ſans y comprendre les oreillons , ſur leſquels il place deux Canons pour multiplier la deffenſe contre les batteries ennemies , & pour battre de revers dans la breſche.

sont semblables & de même grandeur,
pouvant contenir quinze pieces de
grosse Artillerie, dans la capacité de
leurs cinquante toises de Parapets, tous
perpendiculaires sur les lignes de deffense.

Et partant que trente pieces de Canon suffisent pour la deffense de quelque Place que ce soit, étant employez
en cette sorte.

Au commencement du Siege, pla-
cez en une partie sur les Remparts de
la grande Contrescarpe ou des Bastions ; afin d'obliger les Ennemis à
se loger plus loin de la Place, à faire
la circonvallation plus étenduë, à commencer les approches de loin, & à
dresser des Batteries dés l'ouverture
des Trenchées : pour allonger le temps
& leur causer plus de dépense.

Puis sans consumer inutilement vos
Munitions, & sans échauffer davantage vos pieces, de crainte de les évan-
ter ; retirez les de vos Remparts, lors
que les Parapets seront trop ruinez
pour l'Artillerie.

Cela fait, & sans considerer, si leurs
Roüages & Affusts sont détruits par
les Contrebatteries ; faites les conduire
dans les trois Cazemates & sur les oreillons

lons des Flancs, deſtinez à deffendre les Faces des Baſtions & des Contreſ-carpes attaquées:

Mais afin que les pieces qui ſont dans ces Cazemates ne ſoient pas ſi-toſt dé-montées, ou renduës inutiles par les grands efforts de la Contrebatterie, que les Ennemis ſeront obligez de faire ſur la Contreſcarpe : (65) couchez les à nud ſur des lits de Gazon derriere les

65. Il y a de l'équivoque en cét endroit, il ſemble d'abord qu'il veüille que le Canon ſoit immediatement poſé ſur le Gazon, & que ces lits de Gazon ſoient ſoutenus ſur des rouleaux; ce n'eſt pourtant pas ce qu'il veut dire, il ſeroit impoſſible que ces ſortes de Gazons puſſent reſi-

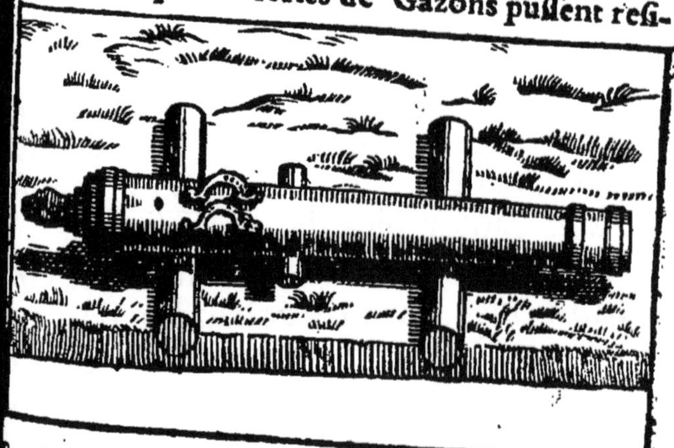

ter à l'effort du recul du Canon, quand même on ſuppoſeroit que les rouleaux fuſſent tournez du ſens qu'il faudroit pour faciliter ce recul: mais d'ailleurs dans cette ſituation ils ne pour-roient pas ſervir, comme il le veut, à remuër

H

Parapets, soûtenus sur des rouleaux à demi enfoncez, afin de les remüer plus facilement avec des cordages : & les retirant à costé des embrasures, les recharger avec moins de peril & de peine. Faites aussi que les embrasures en soient étroites, & que les Parapets en soient continuellement reparez, par la diligence de ceux qui en ont la charge. Que si ces lits de Terre & de Gazons ne plaisent pas à tout le monde ; du moins les Affûts de cette Artillerie des Flancs, ne doivent estre montez que sur quatre petites roües, plus basses que le Canon, pour n'être pas si-tost découvertes.

66   (66) Que si vous ajoûtez à ces trente pieces de 24 livres chacune, dix

les Canons plus facilement avec des cordages, & à les retirer à costé des embrasures pour les recharger avec moins de peril & de peine. C'est ce qui m'a obligé d'ajoûter cette Figure pour rendre le texte plus intelligible. Au reste, je ne crois pas que cette sorte d'Affust plaise à beaucoup de personnes, tant à cause de son trop peu de solidité, que par la difficulté qu'il y a dans cette maniere à pointer le Canon de haut en bas, suivât toutes les pentes dont on peut avoir besoin.

66. Ce seroit se tailler les morceaux de bien prés que de se contenter de ce nombre de Canon, & cela suppose outre tout ce qu'il a dit, que tous les Canons qui auront servi dans les

autres de 12 & de 6 seulement, vous aurez abondamment de l'Artillerie pour
la deffense de la plus parfaite de mes
Places : parce que vous pourrez employer dans les flancs de vos Bastions,
une bonne partie de celle qui aura servi dans les flancs de la grande Contrescarpe. Mais il ne faut pas que ce
nombre de quarante pieces ne vous
étonne, pour une Place dont l'importance merite tant de travaux de Fortification. Puis que je pourrois alleguer
plus de 30 Forteresses, & plus de 200
Vaisseaux qui en ont davantage. Toutefois si l'Artillerie de vos Places ainsi
fortifiées n'arrivoit pas à ce nombre,
vous n'auriez qu'à la ménager selon
les occurrences : & remplir le reste des
Parapets de vos flancs d'une bonne &
forte Mousqueterie ; ainsi que vous ferez toûjours & par tout au deffaut de
vostre Canon & de vos Munitions de
Guerre.

dehors puissent encor servir dans la Place, mais
outre ce qu'il y a à dire à ses autres supposi-
tions, l'on n'est guere seur d'avoir le loisir
aprés la prise de ces dehors, de transporter le
Canon qui y aura servi : ainsi ce ne seroit assûrément point prendre une precaution inutile,
que de mettre dans une Place le double de ce
qu'il demande de Canon.

CHAPITRE VIII.

De la dépense des Fortifications.

LES autres difficultez qui se formeront encore sur le sujet de ces Fortifications, (67) seront sans doute contre la trop grande dépense qu'il semble d'abord , qu'elles apporteront à ceux qui les voudront mettre en pratique : tant à raison de la grandeur des Bastions , des doubles Remparts, & de la forme des Flancs , que de tant de Fossez & de la grande Contrescarpe. A quoy nous essayerons maintenant de satisfaire, pour rompre

67. **L**E Chevalier de Ville se faisant en quelque endroit cette objection tirée de la dépense répond fort bien, que quand un Prince songe à fortifier une Place , il doit à cét égard ouvrir la bourse & fermer les yeux , & qu'il vaut beaucoup mieux dépenser beaucoup & faire une bonne Place, que dépenser moins & en faire une qui ne vaille rien , autrement il semble que l'on devroit ne faire aucune Fortification.

encore ce second empêchement , par la comparaison des travaux de mes Places , avec ceux des Fortifications les plus approuvées.

Convenance du Pentagone de ma moyenne Fortification avec l'Exagone du Chevalier de Ville.

LEs six coftez exterieurs de l'Exagone de cét Auteur François, montent à 928 toifes : & les cinq Bafes du Pentagone de ma moyenne Fortification à 900. & partant *à peu prés* de pareille circonference.

Les Faces de fes Baftions font de trente-huit toifes quatre pieds , fes Flancs de vingt toifes , fa Courtine de quatre - vingt & partant chacune des Faces defon Exagone contient 197 toifes deux pieds', & toute l'enceinte de fes murailles 1184.

Les Faces de mes Baftions font de cinquante-cinq toifes , mes flancs de vint-quatre , ma Courtine de foixante toifes quatre pieds. Et partant chacune des Faces du Pentagone de ma moyenne Fortification contient 218. toifes quatre pieds, & toute l'enceinte de fes murailles 1093 toifes deux

pieds , moindre que l'autre de 90
68 toises quatre pieds. (68)

68. Il me semble que pour bien comparer
l'enceinte d'une Fortification & la capacité de
la Place, il ne faut pas , comme il fait , en
mesurer le Polygone exterieur mais l'interieur,
parce que c'est veritablement dans ce Polygone interieur que la Place est renfermée. Suivant cette maniere de comparer, les six costez
de l'Exagone du Chevalier de Ville , enferment
900 toises en supposant le Polygone interieur
de 180 pas ou 150 toises, ce qui est la premiere
des deux grandeurs qu'il luy donne,& les mêmes
six costez du Chevalier de Ville contiendront
780 toises, en supposant le costé interieur de 150
pas ou 130 toises , qui est son autre supposition.
Ainsi comme les cinq costez interieurs du Pentagone de la moyenne Fortification du Comte
de Pagan ne contiennent que 615 toises,il s'ensuit
que ce qu'il dit est faux , sçavoir que le Pentagone de sa moyenne Fortification enferme autant d'espace que l'Exagone du Chevalier de
Ville.

Il n'est pas plus sincere quand il rapporte la
grandeur des parties de la Fortification du Chevalier de Ville ; car en faisant le Polygone interieur de 180 pas ou 150 toises, qui est la mesure qu'il prefere à toutes les autres , la Face se
trouve estre de 58 pas selon cét Auteur, ou 48
toises deux pieds , le Flanc 30 pas ou 25 toises,
la Courtine 120 pas ou 100 toises , & dans la
moindre mesure qu'il prenne , qui est de 150
pas ou 130 toises pour le Polygone interieur,
la Face se trouve estre de 48 pas ou 40 toises, le
Flanc de 25 pas ou de 20 toises 5 pieds,& la Courtine de 100 pas ou 83 toises deux pieds.

Convenance du Pentagone de ma grande Fortification avec l'Exagone de Samuël Marolois.

LEs six coftez exterieurs de l'Exagone de cét Auteur Hollandois, montent à 973 toifes, & les cinq Bafes du Pentagone de ma grande Fortification, à 1000. & partant à peu prés de même circonference.

Les Faces de fes Baftions font de quarante-huit toifes, fes Flancs de vint, fa Courtine de foixante & douze, & partant chacune des Faces de fon Exagone contient 208 toifes, & l'enceinte entiere de fes murailles 1248.

Les Faces de mes Baftions font de foixante toifes, mes Flancs de vingt-quatre toifes deux pieds, ma Courtine de foixante & dix toifes cinq pieds; & partant chacune des Faces du Pentagone de ma grande Fortification contient 239 toifes trois pieds, & toute l'enceinte des murailles 1197 toifes trois pieds, *ainfi elle eft* moindre que l'autre de cinquante toifes trois pieds. (69) 69

69: En comparant ces deux Fortifications, comme nous avons fait les precedentes, par leur enceinte interieure, nous trouvons que

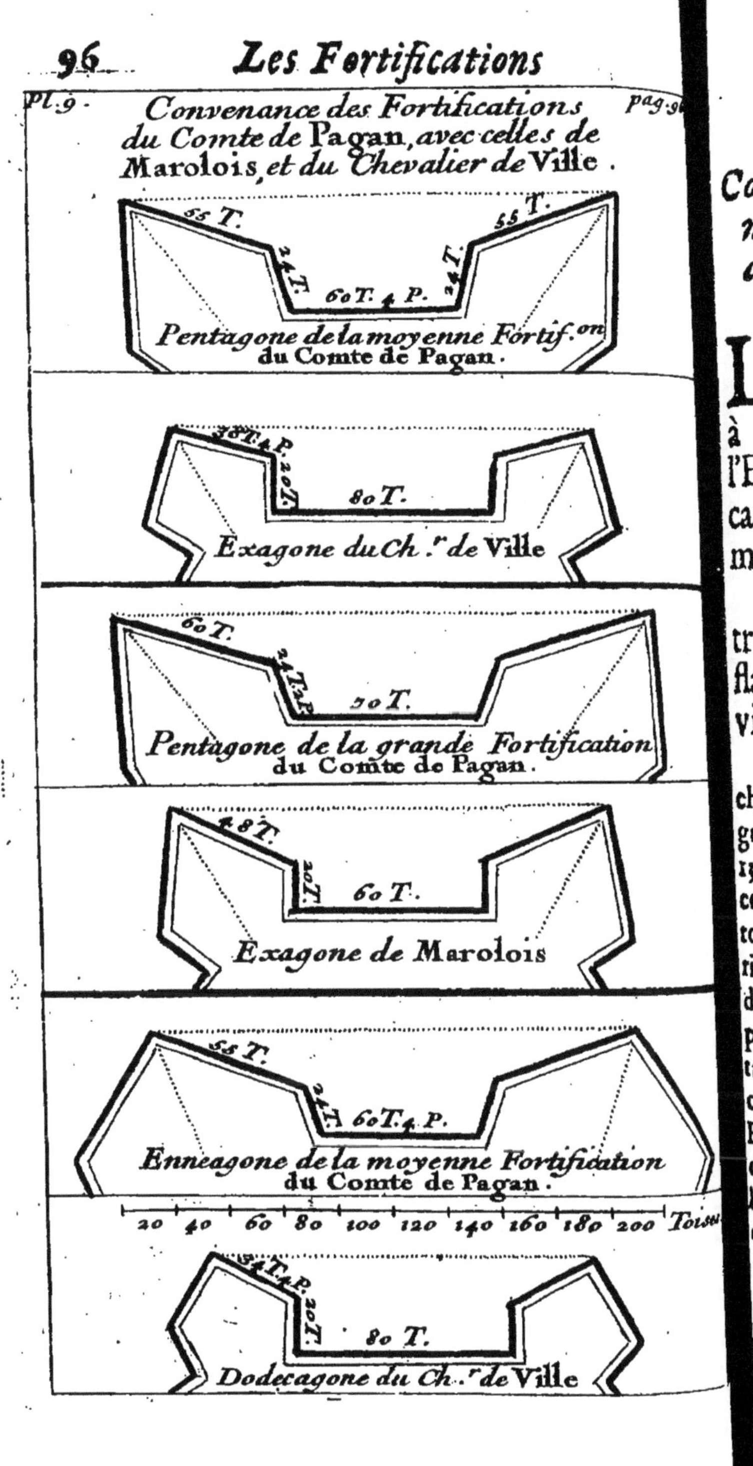
Pl. 9.
pag. 96
Convenance des Fortifications
du Comte de Pagan, avec celles de
Marolois, et du Chevalier de Ville.
55 T.
55 T.
24 T.
24 T.
60 T. 4 P.
Pentagone de la moyenne Fortif.on
du Comte de Pagan.
48 T. 4 P.
20 T.
80 T.
Exagone du Ch.r de Ville
60 T.
24 T. 4 P.
50 T.
Pentagone de la grande Fortification
du Comte de Pagan.
48 T.
20 T.
60 T.
Exagone de Marolois
55 T.
24 T.
60 T. 4 P.
Enneagone de la moyenne Fortification
du Comte de Pagan.
20 40 60 80 100 120 140 160 180 200 Toises
24 T. 4 P.
20 T.
80 T.
Dodecagone du Ch.r de Ville

Convenance de l'Enneagone de ma moyenne Fortification avec le Dodecagone du Chevalier de Ville.

LEs douze coftez exterieurs du Dodecagone de cét Auteur , montent à 1680. toifes , & les neuf bafes de l'Enneagone de ma moyenne Fortification à 1620. & partant prefque de même circonference.

Les faces de fes Baftions font de trente-quatre toifes quatre pieds , fes flancs de vingt, fa Courtine de quatrevingt : & ainfi chacune des faces de

chaque côfté interieur du Pentagone de la grande Fortification de noftre Auteur eft de 137 toifes deux pieds , & par confequent l'enceinte interieure de toute la Figure eft de 686 toifes quatre pieds , & que le Polygone interieur de Marolois eftant de 120 toifes (à prendre comme fait le Comte de Pagan la verge pour deux toifes) l'enceinte interieure du Pentagone eft de 710 toifes. Ainfi il eft vray en cét endroit, qne le Pentagone de fa grande Fortification enferme à peu prés le même efpace que l'Exagone de Marolois ; cependant au lieu qu'il fait fon enceinte un peu plus grande que celle de Marolois , il arrive tout le contraire en les comparant comme nous faifons. Les grandeurs des autres parties font bonnes en reduifant la verge à deux toifes.

I

son Dodecagone contient cent quatre-vingt neuf toises deux pieds, &
toute l'enceinte de ses murailles 2272.
toises.

Les faces de mes Bastions sont de
cinquante-cinq toises, mes flancs de
vingt-quatre, ma Courtine de soixante toises quatre pieds : & partant chacune des faces de l'Enneagone de ma
moyenne Fortification contient 218.
toises quatre pieds, & toute l'enceinte
de mes murailles 1968. ainsi elle est
moindre que l'autre de trois cent quatre toises. (70)

70.   Les douze costez interieurs du Dodecagone de la grande Fortification du Chevalier
de Ville montent à 2160. pas ou 800 toises, en
supposant comme luy le Polygone interieur de
180 pas ou 150 toises ; & les douze costez interieurs de l'Enneagone de la moyenne Fortification du Comte de Pagan sont seulement de
1351 toises trois pieds, le Polygone interieur
n'étant que de 150 toises un pied ; ainsi il s'en
faut bien qu'il n'ait la même enceinte. Il com-
met les mêmes erreurs dans la mesure des parties que nous avons remarqué dans l'art. 68. &
dont nous rendons raison dans la Note 72. Au
reste, afin que l'on puisse voir d'un coup d'œil
ces differentes comparaisons, on a jugé à propos de faire graver la Figure precedente & celle
qui suit.

Convenance de l'Enneagone de ma grande Fortification avec le Dodecagone de Marolois.

LEs douze coftez exterieurs du Dodecagone de cét Auteur montent à 1862 toifes, & les neuf bafes de l'Enneagone de ma grande Fortification à 1800. & partant de circonference peu diffemblable.

Les faces de fes Baftions font de quarante-huit toifes, fes flancs de vingt-quatre, fa Courtine de foixante & douze : & partant chacune des faces de fon Dodecagone contient 216 toifes, & toute l'enceinte de fes murailles 2592.

Les faces de mes Baftions font de foixante toifes, mes flancs de vingt-quatre toifes deux pieds, ma Courtine de foixante & dix toifes cinq pieds : & partant chacune des faces de l'Enneagone de ma grande Fortification contient 239 toifes trois pieds, & toute l'enceinte des murailles 2155 toifes trois pieds; *ainfi elle eft* moindre que l'autre de 436 toifes trois pieds. (71) 71

71. Les douze coftez interieurs du Dodecagone de Marolois montent à 1536 toifes, le Polygone interieur eftant de 64 verges ou 128

Convenance de ma grande Fortifica-
tion avec celle du Chevalier de
Ville, sur un même front de 600
toises de longueur.

LEs costez exterieurs de la Fortification de cét Auteur font de cent
vingt toifes : & partant cinq de fes faces continuées fur une ligne droite
montent à fix cens toifes.

Les Bafes de ma grande Fortification font de deux cent toifes chacune:
& partant trois de fes faces continuées
fur une ligne droite montent auffi à
fix cens toifes.

Les faces de fes Baftions font de
vingt-huit toifes deux pieds, fes Flancs
de vingt, fa Courtine de quatre-vingt:
& partant chacune de fes cinq faces
conftruites fur une ligne droite contient 176 toifes quatre pieds, & toutes
leurs murailles enfemble 883 toifes
deux pieds.

toifes ; & les neuf coftez interieurs de l'Enneagone de la grande Fortification du Comte de
Pagan montent à 1467. le Polygone interieur
eftant de 163. partant la difference eft de 6
toifes de moins, qui eft à peu prés la même
qui fe trouve en comparant les Polygones exterieurs.

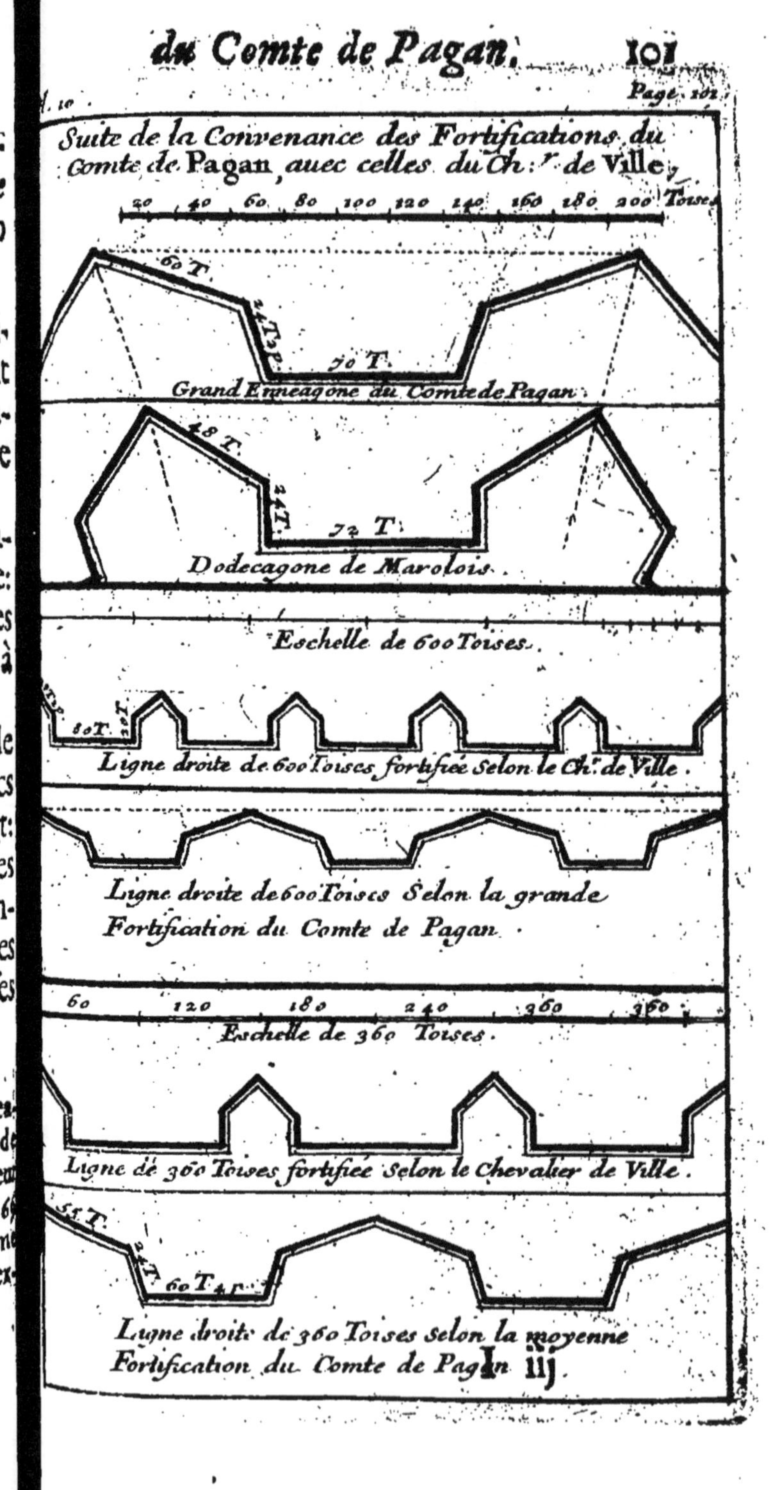
Pl. 10.
Page. 101.
Suite de la Convenance des Fortifications du
Comte de Pagan, auec celles du Ch.r de Ville.
20 40 60 80 100 120 140 160 180 200 Toises.
60 T
24 T
70 T
Grand Enneagone du Comte de Pagan.
48 T
24 T
72 T
Dodecagone de Marolois.
Eschelle de 600 Toises.
60 T.
Ligne droite de 600 Toises fortifiée selon le Ch. de Ville.
Ligne droite de 600 Toises selon la grande
Fortification du Comte de Pagan.
60 120 180 240 300 360
Eschelle de 360 Toises.
Ligne de 360 Toises fortifiée selon le Chevalier de Ville.
36 T.
24 T 60 T 24 T
Ligne droite de 360 Toises selon la moyenne
Fortification du Comte de Pagan.
I iij

Les faces de ma grande Fortification contiennent chacune deux cent trente-neuf toiſes trois pieds : & toutes les murailles des trois, ſept cens dix-huit toiſes trois pieds; *partant elle eſt* moindre que les autres de cent ſoixante-quatre toiſes cinq pieds.

Convenance de ma moyenne Fortification avec celle du même Chevalier de Ville ſur un front de trois cens ſoixante toiſes de longueur.

PAr le precedent exemple trois Faces de la Fortification de cét Auteur conſtruites en ligne droite ; occupent trois cent ſoixante toiſes de front, & ont en tout cinq cent trente toiſes de muraille.

Et deux faces ſeulement de ma moyenne Fortification rempliſſent le même front de trois cens ſoixante toiſes : n'ayant en tout que quatre cens trente-ſept toiſes deux pieds de muraille : partant il y en a moins qu'à l'autre de nonante deux toiſes. (72)

72. Il y a dans ces deux comparaiſons la même erreur que nous avons remarquée dans l'article 68. qui vient de ce qu'il ſuppoſe toûjours le côſté interieur ou la Baſe ſur laquelle

Et parce que les mêmes proportions
se rencontrent à peu prés, avec celles
de Marolois tracées sur des lignes droites, je n'en parleray pas davantage,
(73) ces exemples suffisant pour sçavoir toutes les autres Convenances
d'entre ces diverses Fortifications, touchant la dépense seulement, dont nous
traitons en ce Chapitre.

Quant à la comparaison des travaux de mes Flancs avec ceux des autres, vous la ferez en cette sorte,

il fortifie de 120 toises, quoique cét Auteur la
fasse de 180 à 150 pas, qui reviennent de 150
à 130 toises, qui est aussi la longueur qu'il
donne à sa ligne de deffense. Il est vray qu'on
peut dire pour excuser le Comte de Pagan,
que ceux qui ont suivi la maniere du Chevalier
de Ville estimant que sa ligne de deffense estoit
trop longue, (& que si elle estoit la portée'du
Mousquet du temps du Chevalier de Ville, ce
n'étoit assûrément plus celle des Mousquets dont
on se sert à present,) l'ont reduite aussibien que le
Fossé interieur à 120 toises, & que c'est suivant
ces derniers que le Comte dé Pagan a fait sa
comparaison, qui en ce cas là seroit à peu
prés aussi bonne en prenant le Polygone interieur.

73. De tout ce qui a esté dit cy-dessus il
paroist évidemment, que s'il y a quelque raison
de rejetter la maniere de nostre Auteur, ce
n'est assûrément point celle de la dépense.

(suppofant la hauteur des murailles & des Remparts de fix toifes en tout:) où les flancs n'ont qu'une feule muraille de fix toifes de hauteur, foutenant un Rempart de-même, ou ils en ont deux, chacune de trois toifes de hauteur foûtenant des Terraffes de même, ou trois comme les miens, chacune de deux toifes de hauteur, foûtenant des Terre-plains de même: & partant la dépenfe eft égale en ces trois fortes de Flancs, par la convenance des proportions de la muraille de fix toifes de hauteur, capable de foûtenir un Rempart de même, à deux murailles de trois toifes avec leurs Terraffes : & à trois de deux toifes avec leurs Terre-plains de même hauteur : d'autant que leurs fondations doivent encore avoir le même rapport entr'elles. (74)

74

74. Il y a quelque chofe à dire fur ce qu'il affure que fon Flanc à triple étage ne couteroit pas plus que fi la muraille eltoit toute d'une fuite. Il faut y ajoûter les fondements, car il n'eft pas vray que les fondements doivent eftre d'autant plus profonds que la muraille eft haute, il fuffit d'avoir atteint le ferme, qui fans doute, fe trouvera plutoft pour fonder le bas que le haut, mais cette difference n'eft pas confiderable, & il faudroit bien avoir l'épargne en tefte pour s'y arrefter un moment.

Et pour la convenance des Ouvrages de mes Fortifications exterieures, à ceux de toutes les autres qui sont maintenant si estimées, vous la trouverez plus facilement par la comparaison de la seule face de mes dehors de la seconde Place parfaite du sixiéme Chapitre, avec l'une des autres la mieux fortifiée.

La Demi-lune qui couvre les Flancs de ma grande Contrescarpe est peu differente de la Demi-lune des autres, placée au devant de la Courtine: & partant de semblable dépense.

Les deux faces de ma grande Contrescarpe comprises entre les deux pointes des Angles flanquez, & continuées jusques aux derniers Parapets de ses flancs, ne contiennent au plus que trois cens toises de Rempart : ainsi que les plus grands & plus parfaits Ouvrages à Corne, sans y comprendre les Couronnes, avec lesquelles la dépense des travaux des Fortifications exterieures, qui sont maintenant en usage, ne differe pas beaucoup de celle des Ouvrages de mes dehors *dessinez* en la Figure du sixiéme Chapitre : d'autant moins que la simple & derniere Contrescarpe de mes Places parfaites n'a que la moitié de l'étenduë de celle des autres, pour le grand circuit qu'elle fait autour de tant de diverses & grandes pieces.

Et quant à la dépense des doubles Remparts de mes Baftions *& Demi-lunes*, vous la pouvez remettre en des temps plus commodes, pendant lefquels vous en creuferez les Foffez: car pour les Remparts, vous commencerez à les former en travaillant aux Baftions, vous fervant de la terre tirée du grand Foffé de la Place, trop abondante pour n'élever feulement que le premier Terre-plain de mes Baftions, de fept toifes de largeur tout au plus.

Toutesfois cette dépenfe fe peut encore recompenfer dans l'épargne de mes Fortifications exterieures en les comparant avec les autres: car puis que les Pentagones de ma grande & moyenne Fortification, conviennent & occupent autant de circuit que les Exagones des Auteurs cy-deffus alleguez; il s'enfuit que leurs mêmes Places ont une face de Fortification exterieure de plus que les miennes, & partant plus de trois cens toifes davantage, tant en la Demi-lune qu'aux autres Ouvrages à Corne ou à Couronne, répondant à peu prés au nombre des toises, des secondes murailles des cinq Bastions de mes Pentagones.

Or cette Oeconomie se trouvera d'autant plus grande en ma faveur, que les nombres des Polygones viendront à croître, & sans sortir des exemples de ce même Chapitre, je compareray encore les Enneagones de ma grande & moyenne Fortification, aux Dodecagones des mêmes Auteurs, à raison de leurs convenaces.

Les Places de douze Bastions ont trois faces de Fortification plus que celles de neuf, & partant environ mille toises davantage aux Ouvrages de leurs dehors. Et les neuf petits Bastions de mes Places n'arrivent au plus qu'à six cens toises de muraille.

Le même rapport me sera encore plus avantageux, dans la convenance des mesmes Fortifications construites sur des lignes droites, non seulement à l'égard de l'épargne, mais aussi de la force : d'autant qu'en ce cas plus qu'en nul autre, les erreurs de tant de Fortifications approuvées se découvrent avec plus d'apparence, parce que tous les Foſſez de leurs Baſtions ne ſont deffendus que d'une partie de la Courtine, & jamais des Flancs raſans & retirez qui ſont deſtinez à ce ſeul uſage ; comme il ſe voit en diverſes Places fortifiées , & aux deſſeins même des Auteurs les plus eſtimez , notamment dans ceux de leurs Places irregulieres , ainſi que je l'ay dit ailleurs.

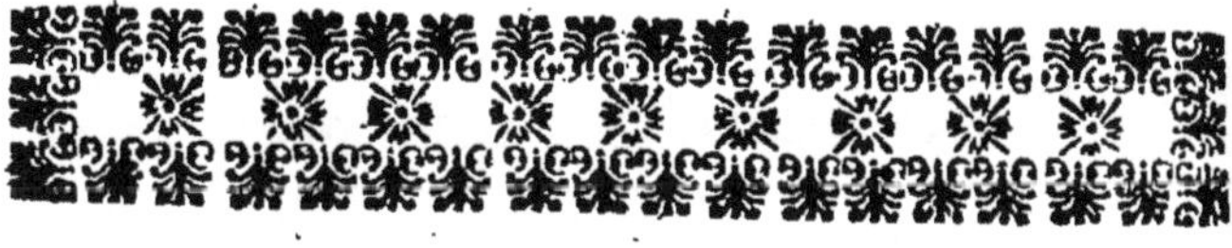

CHAPITRE IX.

Des Quarrez reguliers.

LES Quarrez quoique reguliers en leurs Fortifications n'entrent point au rang des Places parfaites ; d'autant que l'ouverture de leurs Angles flanquez n'excede jamais ſoixante degrez, & que la longueur des lignes de leur flanc dans l'uſage ordinaire , n'arrive que peu ſouvent à quinze toiſes. Le premier de ces deffauts ne peut eſtre ſurmonté par aucune induſtrie , &

toutefois il n'est pas si considerable
depuis que les brêches des Remparts
des Bastions ne se font plus par le
Canon, mais par la Mine. (75) Quant
à l'autre, je l'estime plus important :
& par les consequences qui en arrivent tous les jours, ces Forteresses de
quatre Bastions ainsi disposées ne me
semblent pas de beaucoup meilleures
que des simples & grandes Redoutes,
accompagnées de bons Fossez & de
bonnes Contrescarpes : pour remedier donc à la foiblesse des Flancs de
ces Places quarrées, que nous avons
si souvent attaquées & prises avec
tant de diligence, je suivray toûjours
les mêmes maximes, & gardant le

75. Il n'y auroit pas trop de seureté presen-
tement à se fier à cette consideration.
L'on se sert à la verité plus souvent de la Mine,
parce que son effet est plus grand & plus prompt
que celuy du Canon ; mais quand on rencon-
trera des Bastions dont la pointe pourra estre
facilement endommagée par le Canon, il ne
faut pas croire que l'on neglige la force des
Batteries pour les renverser, ainsi le quarré
passera toujours à cette consideration pour une
Figure incapable d'une bonne Fortification,
ou du moins on luy preferera toûjours un Polygone qui puisse souffrir un Angle flanqué plus
couvert & plus fort.

même ordre de mes Fortifications regulieres, je vous montreray en cét
endroit, les methodes de conſtruire
facilement les trois Quarrez les plus
parfaits que j'aye pû compoſer ; le
premier pour la grande Fortification
ſur la Baſe, ou les coſtez de deux
cens toiſes., (76) lequel eſt égal par
ſa bonté à raiſon de ſes Flancs de
vingt-deux toiſes de large, à quelque
autre de mes Polygones que ce ſoit :
Le ſecond pour la moyenne Fortification ſur la Baſe ou les coſtez de 180
toiſes : & le troiſiéme pour la petite
Fortification ſur la Baſe, ou les côtez
de cent ſoixante toiſes, dont voicy
les Regles & les Figures.

76.   Un Pentagone de ſa moyenne Fortification n'auroit que cent toiſes de Polygone exterieur plus que ce quarré, ainſi on le pourroit
toujours conſtruire la où l'on trouveroit de la
place pour ce grand quarré, & perſonne ne
ſçauroit douter qu'il n'euſt beaucoup plus de
force : il eſt vray qu'il coûteroit davantage,
mais comme l'on a déja dit, quand il s'agit
de faire une Fortereſſe on ne doit pas tant re-
garder la grandeur de la dépenſe que ſon utilité. L'on a ajoûté aux Figures ſuivantes les profils qui manquoient dans les Editions precedentes.

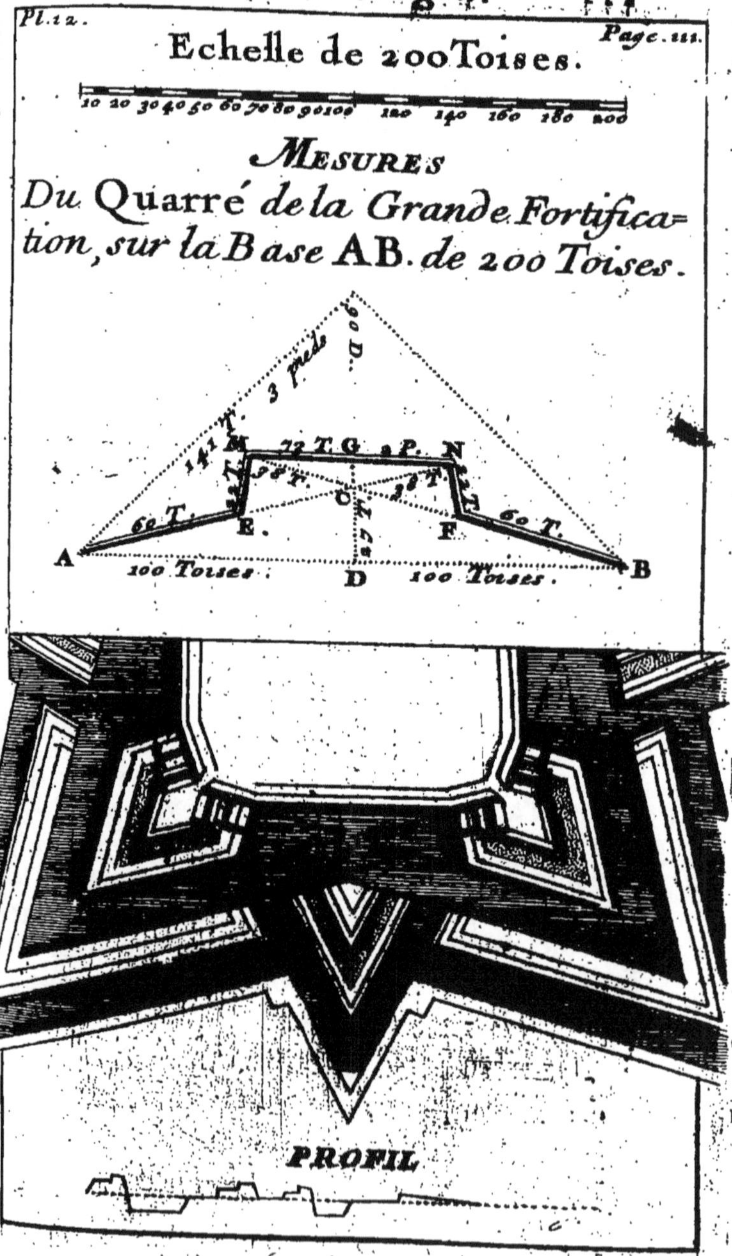

Pl. 12.
Page. 111.
Echelle de 200 Toises.
10 20 30 40 50 60 70 80 90 100 120 140 160 180 200
MESURES
Du Quarré de la Grande Fortifica-
tion, sur la Base AB. de 200 Toises.
3 pieds
90 D.
141 T.
M
72 T. G. P. N
141 T.
60 T.
E.
O
F
60 T.
A
100 Toises.
D
100 Toises.
B
PROFIL

Pour tracer le Quarré de la grande Fortification.

Tirez la Base A B de deux cens toises de longueur, & la divisez en deux également au point D: *ensuite faites* la ligne perpendiculaire D C de vingt-sept toises, & tracez les deux lignes de deffense, partant l'une du point A, passant en C & allant en N, & l'autre du point B passant en C & allant en M; toutes deux de raisonnable longueur.

Cela fait, marquez sur les mêmes lignes de deffense les deux Faces des Bastions A E & B F de soixante toises chacune: puis les deux complemens des lignes de deffense C M & C N, chacun de trente-huit toises: & ensuite tracez les deux lignes des Flancs E M & F N, & celle de la Courtine M N; & vous aurez toutes les parties de cette face de Fortification en cette sorte.

Les Faces des Bastions A E, & B F de soixante toises: Les flancs E M & F N de vingt-deux: la Courtine M N de soixante & treize toises deux pieds: Les lignes de deffense A N,

&

& B M de cent quarante-une toifes quatre pieds , & l'Angle flanquant A C B de cent quarante-neuf degrez quarante-fix minutes : duquel oftant l'Angle du centre qui eft de nonante, il vous reftera cinquante-neuf degrez quarante-fix minutes pour les Angles des Baftions de ce premier Quarré. Lequel vous acheverez de former, en obfervant la même regle & traçant les mêmes lignes fur chacun de fes quatre coftez de deux cens toifes. (77)   77

Pour tracer le Quarré de la moyenne Fortification.

Tirez la Bafe A B de cent quatre-vingt toifes de longueur , & la divifez en deux également au point D ; puis la ligne perpendiculaire D C de vingt-quatre toifes : & enfuite tracez les deux lignes de deffenfe l'une du point A , paffant en C

77. Le Calcul de ce quarré n'a point d'autres fondemens que celuy des autres Places de la grande Fortification, c'eft pourquoy on peut voir ce qui en a efté dit fur l'Article 21. il n'y a que la ligne C G qui n'eft point icy determinée, & que vous connoiftrez (comme il a efté dit au même endroit,) eftre de dix toifes un pied & demi.

K

& allant en N, & l'autre du point
B, paſſant en C & allant en M;
& toutes deux de raiſonnable longueur.

Cela fait marquez ſur les mêmes
lignes de deffenſe les deux Faces des
Baſtions A E & B F de cinquante-cinq
toiſes chacune: puis les deux complemens des lignes de deffenſe C M &
C N, chacun de trente-trois toiſes:
enſuite tracez les deux lignes des flancs
E M, & F N & celle de la Courtine M N; & vous aurez toutes les
parties de cette Face de Fortification,
qui ſont telles.

Les Faces des Baſtions A E & B F
de cinquante-cinq toiſes, les Flancs E
M & F N de dix-neuf toiſes un pied,
la Courtine M N de ſoixante-trois
toiſes quatre pieds : les lignes de deffenſe A N & B M de cent vingt-ſix
toiſes un pied, & l'Angle flanquant
A C B de cent cinquante degrez huit
minutes, duquel oſtant l'Angle du
centre qui eſt de nonante., il vous
reſtera ſoixante degrez & huit minutes pour les Angles des Baſtions de
ce ſecond quarté, lequel vous acheverez de former en obſervant la même regle & traçant les mêmes lignes

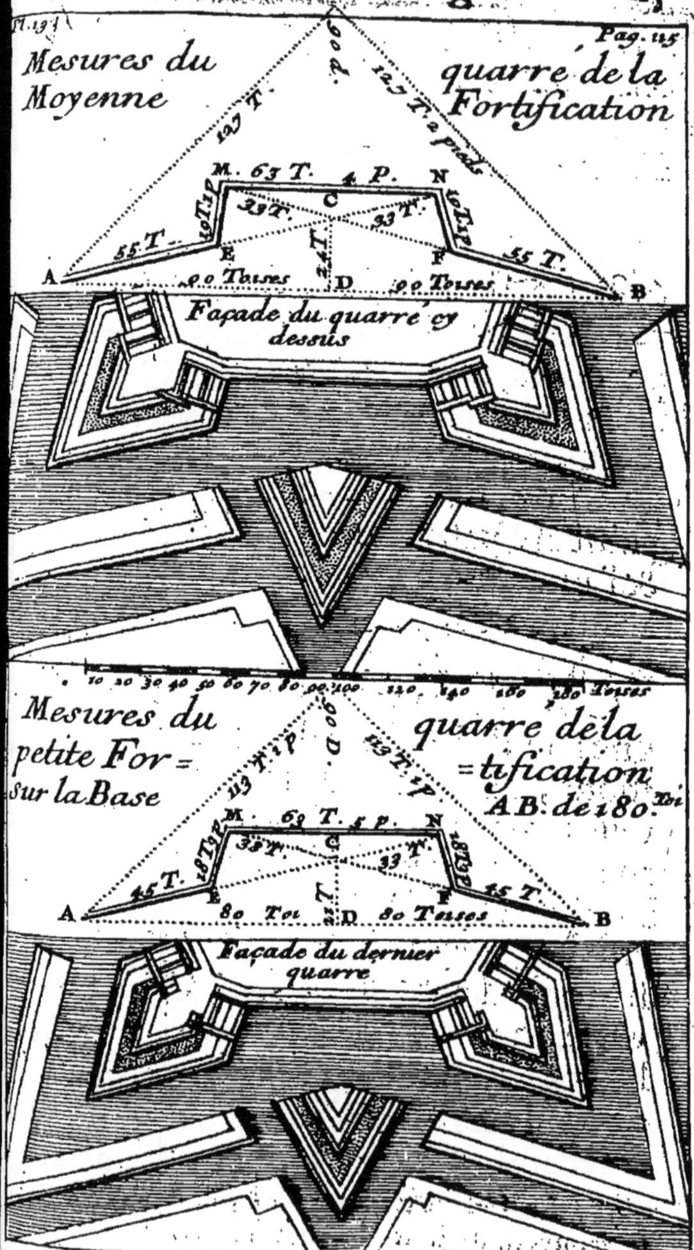

Pl. 19.
Pag. 115
Mesures du Moyenne
quarre de la Fortification
600 D.
125 T.
125 T. 2 pieds
M. 63 T. 4 P. N
33 T. C 33 T.
55 T. E F 55 T.
A 90 Toises D 90 Toises B
Façade du quarré en dessus

0 10 20 30 40 50 60 70 80 90 100 120 140 160 180 Toises
Mesures du petite For= sur la Base
quarre de la =tification A.B. de 180. Toi
600 D.
113 T. 1 P. 113 T. 1 P.
M. 63 T. 1 P. N
33 T. C 33 T.
55 T. E F 55 T.
A 80 Toi D 80 Toises B
Façade du dernier quarre

fur chacun de ces quatre coftez de cent quatre-vingt toifes.

Pour tracer le Quarrè de la petite Fortification.

78 (78) Tirez la Bafe A B de 160 toifes de longueur, & la divifez en deux également au point D ; puis la ligne perpendiculaire D C. de vingt une toifes : & enfuite tracez les deux lignes de deffence partant l'une du point A. paffant en C. & allant en N, & l'autre du point B paffant en C. & allant en M, toutes deux de raifonnable longueur

Cela fait marquez fur les mêmes lignes de deffenfe les deux faces des Baftions, A E & B F de quarante-cinq toifes chacune : puis les deux complemens des lignes de deffence C M & N C. chacun de trente-trois toifes ; & enfuite tracez les deux lignes des flancs E M & F N, & celle de la Courtine M N, & vous aurez toutes les parties de cette Face de Fortification, dont voicy les mefures.

---

78. Le Calcul eft le même, & la ligne C G fe trouvera de huit toifes & demie.

Les Faces des Baſtions A E & B F
de quarante-cinq toiſes, les flancs E M
& F N de dix-huit toiſes trois pieds,
la Courtine M N de ſoixante-trois
toiſes cinq pieds : les lignes de deffenſe
A N & B M de cent quinze toiſes
cinq pieds, & l'Angle flanquant C
B de cent cinquante degrez trente-ſix
minutes ; duquel oſtant l'Angle du
centre qui eſt de quatre-vingt dix, il
vous reſtera ſoixante degrez & trente-
ſix minutes pour les Angles des Baſtions de ce troiſiéme Quarré, lequel
vous acheverez de former en obſervant la même regle & traçant les mêmes lignes ſur chacun de ſes quatre
coſtez de cent ſoixante toiſes.

(79) Quant à la forme des Flancs
de ces trois Places quarrées, vous en
prendrez le modelle dans le quatriéme Chapitre en la Figure de ceux du
Pentagone de ma petite Fortification,
ſans autre difference qu'en la largeur;
où le premier Parapet des Cazemates
commence dés la premiere ligne du
flanc, à raiſon du peu de longueur
de la Demi-gorge ; comme il ſe voit

79. Le Calcul eſt toujours le même , & la
ligne C G ſe trouvera de huit toiſes deux pieds.

clairement & avec assez de justesse en ces deux presentes Figures, de même que la forme interieure de leurs Bastions, & les pieces de leurs Fortifications exterieures. (80)

80 Au Bastion du grand Quarré les Demi-gorges ne sont que de vingt-deux toises, & la largeur du Flanc retiré de onze seulement; lequel toutefois est capable de contenir en ses trois Parapets treize pieces de grosse Artillerie, compris les deux Canons cachez du costé de sa ligne oblique, de même qu'au Flanc du Pentagone de la petite Fortification.

Au Bastion du Quarré moyen les Demi-gorges ne sont que de dix-neuf toises & un pied, & la largeur du Flanc retiré de dix toises seulement, capable de contenir en ses trois Para-

80. L'on peut demander icy pourquoy il ne se sert pas devant les quarrez de son grand dehors, qu'il dit ailleurs estre preferable aux Contregardes qu'il employe icy, à quoy il est aisé de répondre, que se servant de sa grande Contrescarpe il arriveroit que les Flancs en deviendroient trop petits, & trop proches des Faces qu'ils deffendent : ajoutez que l'un des principaux usages de ces grands dehors est de couvrir des Fauxbourgs, dont les Quarrez n'ont jamais besoin.

pets onze pieces de groſſe Artillerie, compris auſſi les deux Canons
cachez. (81)

81

Et au Baſtion du petit Quarré les
Demi-gorges ne ſont que de dix-huit
toiſes trois pieds, & la largeur du flanc
retiré de neuf toiſes ſeulement, qui
néanmoins eſt capable de contenir en
ſes deux premiers Parapets & en la
moitié du troiſiéme, neuf pieces de
groſſe Artillerie, compris les deux
Canons cachez de même qu'aux autres.

(82) Cette remarque eſt ſi avan-
tageuſe pour mes Fortifications, que
cette Place quoique la plus foible &
la plus imparfaite de toutes les miennes, eſt ſans doute beaucop plus forte,
que les meilleures & les plus excellen-
tes de toutes celles qui ſont maintenant en pratique.

82

81. Les onze pieces d'Artillerie qu'il veut
loger dans ces Flancs ne ſe peuvent entendre
que l'on n'en mette deux ſur l'épaule, ainſi il
y en aura trois dans chaque Place.

82. Il faut entendre cet Article de même
que le precedent, enſorte que l'on conçoive
trois Canons dans la Place baſſe, trois dans la
Cazemate moyenne, un ſur la ſuperieure, &
deux ſur l'épaule.

33 (83) Les dehors representez en la premiere Figure de ce Chapitre, consistent, 1°. en Demi-lunes de vingt-six toises de Demi-gorge, & de cinquante toises de Face, formans des Angles de soixante degrez & seize minutes en leurs pointes ; 2°. en Contrescarpes ou Contregardes de quinze toises de largeur, semblables à celles de la premiere Place parfaite du sixéme Chapitre : où vous trouverez encore toutes les mesures des Fossez, des Remparts & des Parapets, pour ces trois Places quarrées, (84) si toutefois vous ne preferez en l'ordre de leurs Fortifications exterieures, celuy de la seconde Place parfaite du même Chapitre.

Il ne faut point d'autres mesures pour les dehors du second Quarré que celles du premier : mais quant au troisiéme, les Demi-lunes n'ont leurs Demi-gorges que de vingt-une toises,

83. Le Calcul de ces dehors est fondé entierement sur les mêmes principes que les autres, c'est pourquoy il seroit inutile de repeter ce que l'on en a dit assez au long dans l'Article 54.

84. L'on a déja rendu raison de cette preference dans l'Article 80.

les

les faces de quarante toiſes, & les Angles de la pointe ſont de ſoixante & un degré deux minutes ; & les Contregardes de douze toiſes ſeulement de largeur, tout le reſte eſtant ſemblable aux autres.

CHAPITRE X.

Des Tenailles.

(85) APrés avoir aſſez diligemment examiné tout ce qui concerne les trois ordres de mes Fortifications, je vous expliqueray maintenant & avant que de paſſer aux Places Irregulieres, les trois formes de mes Tenailles, que j'eſtime les plus parfaites, & les plus neceſſaires pour les diverſes occurrences qui naiſſent

85. CE qu'il appelle Tenaille ne differe en rien de ce que les autres appellent Ouvrage à Corne quant à la forme, & ſa maniere de les conſtruire ne differe de la conſtruction de ſes Places parfaites qu'en la grandeur de ſes parties, enſorte que l'on peut dire que c'eſt la même reduite de grand en petit, proportionnellement, à la grandeur de la ligne à fortifier

85

L

tous les jours en cét Art , foit par la
fituation naturelle des lieux , refferrez
par des Marets & des Rivieres , (86)
ou fur des Collines par des precipi-
ces : foit pour clore & achever par
des Bafes plus courtes que mes trois
precedentes , l'enceinte d'une Fortification Irreguliere, foit enfin pour couvrir la tefte d'un Pont , ou la trop
exceffive longueur d'une ancienne
muraille de Ville. (87) Or la Tenaille
n'eft autre chofe que la Face d'une
Fortification , compofée de deux faces de Baftions , de deux flancs &
d'une Courtine : mais foûtenuë à droit
& à gauche , par deux lignes paralleles
de telle longueur que la neceffité du

86. Il eft aifé de donner des exemples de
lieux qui ayent befoin d'eftre fortifiés par ce
fortes de Tenailles , il y a tant de pointes
d'Ifles , tant de Commandements refferrez qu
ne peuvent fouffrir une plus grande face de
Fortification , que ce feroit eftre aveugle que de
croire que cés Ouvrages ne font d'aucun ufage.

87. Le troifiéme cas , où il fait fervir cette
forte d'Ouvrage eft *lorfque l'on veut couvrir la
trop exceffive longueur d'une ancienne muraille de
ville*, mais en ce cas là il eft certain qu'il vaudroit beaucoup mieux conftruire un Baftion
plat, ce qui feroit beaucoup plus fort , & qu
affurément ne coûteroit pas davantage.

lieu le demande. Et d'autant que mon deffein eft toûjours d'abreger la peine de ceux qui s'appliquent ou qui tra- vaillent à cette Science, ces trois Fi- gures de Tenailles vous font repre- fentées en cét endroit, fur autant de Bafes de differentes longueurs, la pre- miere de cent quarante toifes, la fe- conde de cent vingt, & l'autre de cent : afin de pouvoir conftruire avec autant de facilité que de jufteffe, au- tant de faces de Fortifications que vous aurez de diverfes lignes droites depuis la longueur de cent toifes juf- qu'à celle de deux cens, *qui eft la* mefure de la premiere regle de mon troifiéme Chapitre, en prenant toû- jours les parties proportionnelles des quatre lignes *principales* des conftru- ctions de mes fix differentes metho- des, comme il vous eft déja montré en la fin du troifiéme Chapitre.

Pour tracer la premiere Tenaille.

Tirez la Bafe A B de cent quaran- te toifes de longueur, & la divi- fez en deux également au point D, puis la ligne perpendiculaire D C de vingt-cinq toifes : & enfuite tracez les deux lignes de deffense l'une du point A paffant en C & allant en N , & l'autre du point B paffant en C & allant en M , toutes deux de raifonnable longueur.

Cela fait marquez fur les mêmes lignes de deffenfe les deux Faces des Baftions A E & B F de quarante toifes chacune : puis les deux complemens des lignes de deffenfe C M & C N chacun de vingt-fept toifes, & enfuite tracez les deux lignes des Flancs E M & F N , & celle de la Courtine M N , & vous aurez toutes les parties de cette Fortification, *dont les mefures font telles.*

Les Faces des Baftions A E & B F, de quarante toifes , les Flancs E M & F N de vingt & une toifes cinq pieds, la Courtine M N de cinquante toifes cinq pieds : les lignes de deffenfe A N & B M de cent une toifes deux pieds , & l'Angle flanquant A C B de cent quarante degrez & quarantehuit minutes.

Eschelle de 140 Toises.
10 20 30 40 50 60 70 80 90 100 120 140

Mesures de la premiere tenaille
sur la Base AB. de 140 Toises.
M N
50 T. 5 pieds.
C
E F
70 T. 70 T.
A D B

Mesures de la Seconde tenaille
sur la Base AB de 120 Toises.
M N
G
E F
60 T. 60 T.
A D B

Mesures de la troisiéme tenaille
sur la Base AB. de 100 Toises.
M N
E F
50 T. 50 T.
A D B

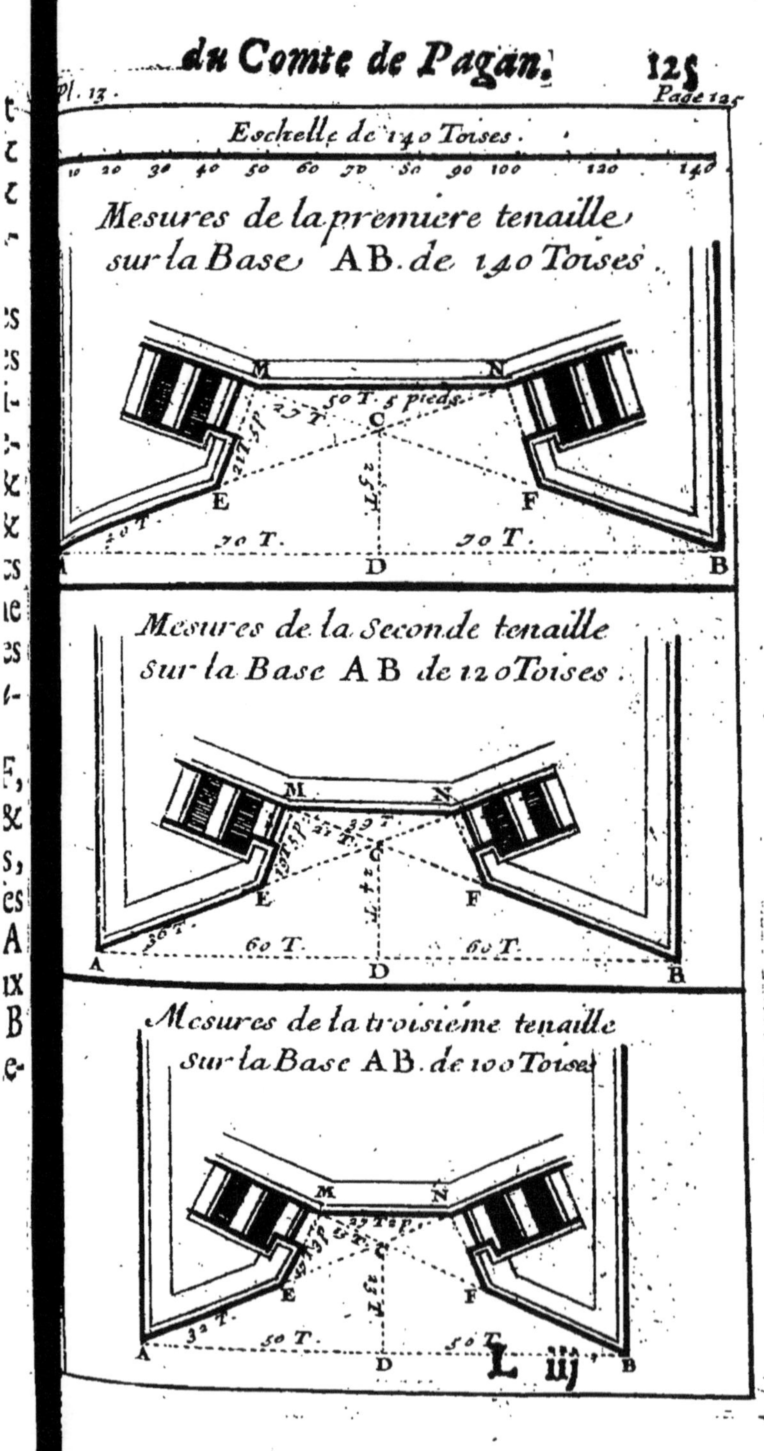

L iij

Pour tracer la seconde Tenaille.

Tirez la Bafe A B de fix-vingt toifes de longueur, & la divifez en
deux également au point D, puis la
ligne perpendiculaire D C de vingt-
quatre toifes : & enfuite tracez les deux
lignes de deffenfe l'une du point A
paffant en C allant en N, & l'autre
du point B paffant en C & allant
en M, toutes deux de raifonnable
longueur.

Cela fait marquez fur les mêmes
lignes de deffenfe les deux faces des
Baftions A E & B F de trente-fix toifes chacune : puis les deux complemens
des lignes de deffenfe C M & C N,
chacun de vingt & une toifes : &
enfuite tracez les deux lignes des
Flancs E M & F N , & celle de la
Courtine M N, & vous aurez toutes
les parties de cette face de Fortification, *qui font telles.*

Les Faces des Baftions A E & B F,
de trente-fix toifes : les Flancs E M
& F N de dix-neuf toifes cinq pieds,
la Courtine M N de trente-neuf toifes , les lignes de deffenfe A N & B
M de quatre-vingt-cinq toifes quatre

pieds , & l'Angle flanquant A C B de cent trente-six degrez vingt - quatre minutes.

Pour tracer la troisiéme Tenaille.

Tirez la Base A B de cent toises de longueur , & la divisez en deux également au point D. puis la ligne perpendiculaire D C de vingt-trois toises : & ensuite tracez les deux lignes de deffense l'une du point A passant en C & allant en N , & l'autre du point B passant en C & allant en M , toutes deux de raisonnable longueur.

Cela fait marquez sur les mêmes lignes de deffense les deux Faces des Bastions A E & B F de trente-deux toises chacune : puis les deux complemens des lignes de deffense C M & C N chacun de quinze toises , & ensuite tracez les deux lignes des Flancs E M & F N , & celle de la Courtine M N , & vous aurez toutes les parties de cette face de Fortification, *qui sont telles.*

Les Faces des Bastions A E & B F de trente-deux toises, les Flancs E M & F N de dix-sept toises trois pieds, la Courtine M N de vingt-sept toises deux pieds : les lignes de deffense A N & B M de soixante-dix toises, & l'Angle flanquant A C B de cent trente degrez & trente-six minutes. (88)

Quant à la forme des Flancs de ces trois Tenailles, le modelle en doit estre pris dans la figure du Pentagone de la moyenne Fortification du quatriéme Chapitre, sans autre difference qu'en la largeur seulement.

En la grande Tenaille la largeur du Flanc retiré doit estre d'onze toises, pour estre capable de contenir en ses trois Parapets, treize pieces de grosse Artillerie, compris les trois Canons cachez, comme en la Figure proposée.

En la moyenne Tenaille la largeur du Flanc retiré doit estre de dix toises, capable de contenir en ses trois Parapets, douze pieces de grosse Artillerie, compris les trois Canons cachez

88. Le Calcul est le même que celuy de sa Fortification, c'est pourquoy il seroit inutile de le repeter, Par son moyen on trouvera la ligne C G dans la premiere Tenaille de neuf toises, dans la seconde de sept toises quatre pieds neuf pouces, & dans la troisiéme de six toises un pied.

de même qu'en ceux des autres *Figures.*

Et en la petite Tenaille la largeur
du Flanc retiré, ne peut eftre que de
huit toifes, & toutesfois il pourra contenir en fes trois Parapets, dix pieces
de groffe Artillerie, compris les trois
Canons cachez ; conformement à l'e-
xemple propofé. (89)

89

Tellement que la bonté de ces
trois derniers ordres de Fortifications fondée fur les avantages de ces
Flancs, ne cederoit en rien à l'excel-
lence de celles de mes trois premieres
Regles : fi les longueurs des lignes de
deffenfe n'étoient moindres en celle-
cy. (90) Ce qui m'oblige à preferer
la grande Tenaille aux deux autres,

90

89. Dans les precedentes Editions la forme
des Flancs n'eftoit point deffinée, on la fup-
pléée en celle-cy, afin de la rendre plus intelligible.

90 Il ne femble pas d'abord que ce foit
une imperfection que d'avoir des lignes de
deffenfe trop courtes, néanmoins elles ont
ces deux deffauts, 1°. qu'elles augmentent
la dépenfe fans neceffité, 2°. qu'elles font
que le Flanc peut eftre battu de la Campagne par un front trop large, car fuppofons
que la ligne de deffenfe foit d'une longueur raifonnable, il eft certain que le Flanc

que je ne puis raifonnablement *aprou-*
ver, que par la contrainte des fitua-
tions trop refferrées, & par la feule
impoffibilité d'en pouvoir tracer de
plus étenduës.

Quant aux Remparts, aux Parapets, au double Rempart, aux Foffez,
aux portes de Cazemates, & autres
chofes femblables ; la forme en doit
eftre prife dans la Figure du Baftion
parfait du cinquiéme Chapitre : (91)
& pour ce qui concerne les dehors,
il faut imiter les Deffeins de mes deux
Places parfaites du Chapitre fixiéme :
où toutesfois celuy de la feconde me

ne peut eftre battu de la Contrefcarpe où les
Ennemis feront obligez de mettre leur batterie
que de la largeur du Foffé, au lieu que fi la ligne
de deffenfe eft trop courte, & que les Ennemis puiffent fe reculer dans la Campagne pour
battre le Flanc, alors ils le pourront faire d'une
largeur beaucoup plus grande.

91. Il ne femble pas qu'il foit neceffaire d'a-
joûter des dehors à ces fortes d'Ouvrages, qui
paffent eux mêmes pour dehors, autrement il
faudroit multiplier les Ouvrages à l'infini, fi
toutefois on les faifoit pour fortifier ou la
pointe d'une Ifle, ou l'extremité d'un Pont,
alors comme ils tiendroient lieu de Fortereffes
il n'y auroit point de danger d'y en ajoûter,
veu principalement que le front de la déffenfe
n'en eft pas augmenté.

ſemble plus convenable à ces Tenailles , d'autant que les Foſſez de la
grande & double Demi-lune en ſeroient trop avancez vers le milieu
des faces des Demi-Baſtions où l'on
paſſe ordinairement les Galeries: néanmoins je dois vous avertir en cét endroit qu'à meſure que les Angles flan-
quants ſe reſſerrent en leurs ouvertures , la largeur de la grande Contreſcarpe peut eſtre diminuée , ſelon
le jugement de ceux qui en uſeront,
& ſans alterer ny la largeur ny la
profondeur de ſes Flancs diviſez en
trois Parapets , comme ils ſont repre-
ſentez en la même Figure , de la ſeconde Place parfaite du ſixiéme Chapitre.

Enfin , quant à ce qui regarde les
proportions de mes ſix Regles , fondées ſur autant de Baſes depuis cent
juſques à deux cens toiſes , il n'en
faut prendre que les parties proportionnelles des quatre lignes ou meſures *principales* : à ſçavoir de la Baſe
ou coſté exterieur , de la ligne perpendiculaire , de la face des Baſtions,
& du complement des lignes de deffenſe ; par leſquelles ſe forment toutes les autres parties de la Fortifica-

tion propofée , fur quelque longueur
de Bafe que ce foit , depuis cent jufques à deux cens toifes , avec toutes
les autres mefures tant des lignes que
des Angles requis. Que fi la neceffité
vous forçoit à conftruire une face de
Fortification , fur une largeur moindre de cent toifes : par exemple fur
une Bafe de quatre-vingt toifes feulement : prenez les quatre lignes *prin-*
cipales de la derniere & petite Tenaille, & les reduifez de dix à huit,
foit en toifes, foit en pieds fur la proportion de la Bafe de cent à celle de
quatre-vingt toifes : & vous aurez toutes les autres parties auffi parfaite-
tement compofées, que la petiteffe du
lieu le peut permettre.

CHAPITRE XI.

Des Fortifications Irregulieres.

AYant achevé de donner toutes les Regles necessaires en la pratique de cette Science, je passeray maintenant à vous montrer la methode de les appliquer aux Fortifications irregulieres, avec autant de facilité que de justesse : or ces Fortifications irregulieres sont permanentes ou passageres ; (92) les permanentes sont celles qui se construisent à loisir autour des Places importantes & des Villes frontieres, pour en faire des Forteresses de longue durée ; & les passageres celles qui ne s'élevent que legerement à la haste & avec peu de

92

---

92. CE n'est que des Fortifications permanentes qu'il donne des regles, & cela avec raison, car ce sont celles-là seulement qui meritent d'estre l'objet de cette Science, les autres n'étant bonnes qu'à proportion qu'elles deviennent plus conformes à celles-cy.

dépense à l'occasion d'une Guerre presente & de peu *de durée*. Auquel cas il suffit seulement de reparer les Remparts, de faire des Parapets à l'épreuve du Canon, de creuser les Fossez en certains endroits, & de former de simples Demi-lunes de Terre & de Gazon devant les Portes, & le long des murailles en distances proportionnées, avec des Contrescarpes & autres legers Ouvrages de peu de temps, dont je ne parleray pas davantage : pour revenir à mes Fortifications irregulieres, stables & permanentes, aussi parfaites que mes regulieres, (93) d'autant qu'elles sont toutes composées & construites sur les fondemens de mes nouvelles & meilleures Maximes.

93. Ce qu'il dit en cét endroit de l'égalité de force dans les Fortifications irregulieres, est un paradoxe, qui est contre le sentiment de tous les autres Auteurs, & qui même n'est vray dans ses principes qu'en supposant que les Bases soient de juste longueur ; car il est certain que celles qui seroient par exemple au dessus de deux cens toises, ou au dessous de cent soixante, seroient considerablement plus foibles que celles dont la Base seroit de cent quatre-vingt, ou approchant. Il faut aussi que l'Angle qu'on veut fortifier soit capable d'un Angle flanqué assez

Mais parce qu'en fortifiant des Villes & des Places irregulieres, l'on suit ordinairement les anciennes murailles, ou les vieux Remparts : que toutes les Bases de mes Regles sont exterieures & paralleles aux Courtines de leurs Fortifications : & que les Courtines doivent estre souvent les mêmes que ces murailles & ces Remparts déja construits, il ne sera pas inutile de montrer auparavant, de combien elles en sont éloignées en chacun ordre. (94)

En la grande Fortification, la Base de deux cens toises de longueur, est distante de la Courtine de quarante toises quatre pieds.

94

ouvert pour resister au Canon, ainsi il est certain qu'un Angle de quatre - vingt - dix degrez n'est pas à beaucoup prés capable d'une aussi bonne Fortification, que l'est un Angle de cent vingt degrez. Mais ces conditions supposées, puisque c'est par tout la même grandeur de toutes les parties, & la même disposition de deffense, il est certain qu'il ne doit y avoir aucune inégalité considerable dans la force.

94. C'est la raison qui oblige le Chevalier de Ville de faire sa construction sur le Polygone interieur, mais il n'y a pas davantage de difficulté à fortifier sur le Polygone exterieur, pourveu que l'on sçache la distance qui est entre les deux.

En la moyenne Fortification, la Base de cent quatre-vingt toises de longueur, est éloignée de la Courtine de quarante toises un pied.

En la petite Fortification, la Base de cent soixante toises de longueur, est distante de la Courtine de trente-neuf toises trois pieds.

En la grande Tenaille, la Base de cent quarante toises de longueur, est distante de la Courtine de trente-quatre toises un pied.

En la moyenne Tenaille, la Base de six-vingt toises de longueur, est éloignée de la Courtine de trente-une toises cinq pieds.

Et en la petite Tenaille, la Base de cent toises de longueur, est distante de la Courtine de vingt-quatre toises deux pieds.

Les autres Intervalles, compris entre les Bases des trois Quarrez & leurs Courtines *sont telles.*

Au grand *Quarré* de quarante toises : au moyen, de trente-deux toises trois pieds : & au petit, de vingt-neuf toises trois pieds.

De toutes lesquelles distances & longueurs, les parties proportionnelles seront prises sur les mesures des Bases augmentées

augmentées ou diminuées selon la diverse occurrence des lieux, & la necessité de les employer ou plus longues,
ou plus courtes qu'elles ne sont en chacune de mes Figures.

CHAPITRE XII.

Des Places Irregulieres.

VEnant donc maintenant au particulier de mes Places irregulieres, je vous montreray en ce Chapitre la methode de les fortifier & de
les construire, en les distinguant de
la sorte. Les premieres sont celles qui
ne sont environnées que d'une seule
& même Regle de Fortification, tracées sur autant de Bases de même
longueur, qu'il en faut pour clore &
achever le circuit exterieur de la Place; & dont les Angles formez par les
rencontres des Bases sont dissembla-
bles en leurs ouvertures: Auquel cas &
selon que la nature ou la capacité des
lieux vous le pourra permettre, vous
n'avez qu'a choisir l'une des trois Re-

M

gles de mes Fortifications du troisiéme Chapitre, dans l'ufage defquelles
vous prefererez toûjours s'il vous eft
poffible, la feconde à la premiere, &
la premiére à la troifiéme ; & faifant
le tour de la Place irreguliere que
vous aurez à fortifier, vous n'avez
qu'à tirer autant de lignes droites de
la longueur de la Bafe choifie, que
vous en pourrez tracer à l'entour de
ces vieilles murailles ; à condition toutesfois que le plus petit des Angles de
ces coftez exterieurs, arrive du moins
à la valeur de cent degrez, afin que
le plus aigu de vos Baftions en puiffe
exceder foixante en fon ouverture. Or
cela eftant fait avec autant de facilité
que de diligence : & la même face de
Fortification conftruite fur chacune
des Bafes déja tracées de même longueur, vous aurez une Place irreguliere tres-parfaite, ne differant de mes
Polygones reguliers, qu'en la feule
ouverture des Angles des Baftions,
dont l'inégalité eft de tres-legere con-
fequence.

   Les fecondes de mes Places irregulieres, font celles dont les Fortifications ne peuvent eftre conftruites fur
des Bafes de pareille longueur, foit

par les difficultez de la situation, soit
par la forme inegale des anciennes
Murailles & des vieux Remparts,
mais qui peuvent estre par tout & de
tous costez fortifiées par mes trois Regles parfaites du troisiéme Chapitre.
Auquel cas vous n'avez qu'à tracer
autour de vostre Place irreguliere,
des Bases, les unes de deux cens toises de longueur, les autres de cent
quatre-vingt ou de cent soixante, selon
l'occurrence des lieux, & les longueurs
des Murailles ou des vieux Remparts,
ausquels elles doivent estre paralleles,
& en certaines distances, marquées
dans le Chapitre precedent. Avec la
même condition que le plus petit des
Angles formez, par les rencontres de
ces differentes bases, arrive du moins
à la valeur de cent degrez ; afin que
le plus aigu de vos Bastions en puisse
exceder soixante en son ouverture.
Or cela estant fait avec facilité &
promptitude ; & les trois faces de mes
Fortifications construites sur chacune
de leurs Bases déja tracées, vous aurez
une Place irreguliere tres-parfaite &
peu differente de la premiere, dont
les Bastions formez sur les rencontres
de deux Bases de diverses longueurs,

ne feront pas moins excellens pour *avoir* leurs faces inégales.

Et la troifiéme & derniere *forte de Places irregulieres*, eft de celles qui ne peuvent eftre fortifiées en certains endroits que par les Regles de mes trois Tenailles, dont les Bafes ne font au plus que de cent quarante toifes de longueur : ou qui ne pouvant vous donner la commodité de tracer en certain lieu qu'un Angle de quatre-vingt dix degrez au plus , vous obligent à y conftruire deux faces de Fortification de mes trois Quarrez, chacune fur la longueur de fa Bafe ; afin que l'ouverture du Baftion en foit au moins de foixante degrez , & les Demi-gorges capables de contenir des Flancs de trois Parapets fur les prolongemens des lignes de deffenfe.

Or en ce cas les plus parfaites de ces dernieres Places irregulieres, feront celles dont les plus courtes Bafes s'éloigneront le moins de la longueur de celle de la grande Tenaille , & dont les deux coftez exterieurs qui formeront l'Angle droit , feront *ceux* du grand Quarré ou du moyen ; tant pour la capacité des Flancs en ceux-cy, que pour la raifonnable longueur de la ligne de deffense de la premiere Tenaille.

Ainſi les premieres de ces Places irregulieres, ſont celles dont toutes les Fortifications ſont tracées, ſur des Baſes de même longueur depuis cent ſoixante juſques à deux cens toiſes, dont les Angles du Polygone exterieur, ſont inégaux entr'eux, & le plus petit au moins de cent degrez en ſon ouverture. Les ſecondes *ſont* celles dont les Fortifications ſont élevées ſur des Baſes de differentes longueurs depuis cent ſoixante juſques à deux cens toiſes : & dont le plus petit des Angles du Polygone, eſt auſſi de cent degrez au moins. Et les troiſiémes *ſont* celles dont les Fortifications ſont conſtruites ſur des Baſes inégales de la longueur de cent à deux cens toiſes : ou dont l'un des Angles du Polygone exterieur, n'eſt que de quatre-vingt dix degrez au plus.

Car il faut abſolument éviter en toutes ces Places irregulieres, les Fortifications des Baſes moindres de cent toiſes : & les Angles formez par les côtez exterieurs, moindres de nonante degrez : autant qu'il eſt poſſible, aux unes & aux autres.

Quant aux Flancs, Remparts, Foſſez, Demi-lunes, & autres Fortifications exterieures, & interieures de
toutes ces Places irregulieres : vous en
prendrez les formes, les meſures, &
les inſtructions ; dans les Figures &
les diſcours de tous mes precedens
Chapitres. (95)

95. IL n'y a rien à ajoûter à ce Chapitre que
l'application & la pratique de ce qu'il
propoſe à faire. Nous dirons dans noſtre Traité
de la Conſtruction effective des Fortifications,
de quelle façon il s'y faudra prendre pour
appliquer la maniere de noſtre Auteur à toutes
ſortes d'irregularitez dans les ſuppoſitions les
plus difficiles que l'on puiſſe faire.

L'on a trouvé à propos d'a oûter dans cette
Edition une Figure entiere d'une Fortification
du Comte de Pagan, relevée en perſpective
Militaire. Cette Figure fera beaucoup mieux
comprendre d'une ſeule veuë toute l'idée de la
maniere dont noſtre Auteur fortifie, que ne
peuvent faire les Plans des morceaux ſeparez,
dont on s'étoit contenté juſqu'à preſent dans
les precedentes Editions de ce Livre.

CHAPITRE XIII.

Des Fortifications de Campagne.

LA Science des Fortifications seroit moins considerable *qu'elle n'est*, si elle ne pouvoit servir qu'à la conservation des Places & des Villes : mais cét Art passe beaucoup plus loin, quand il nous enseigne l'un des principaux moyens de conduire les Armées avec seureté, soit dans *la Campagne*, ou dans les Sieges. (96) Ceux qui pour l'execution de leurs desseins, preferent le nombre & la force des hommes, à la prudence & à l'industrie, ne font la Guerre que comme des Sauvages ; ils répandent le sang,

96.

---

96. IL corrige icy la definition qu'il a donnée au commencement de la Fortification, en disant *que cette Science seroit moins considerable si elle ne servoit qu'à la conservation des Places & des Villes.* Et en effet, comme nous l'avons remarqué en cet endroit, on ne sçauroit douter qu'il n'appartienne à cette Science de bien conduire une attaque, autant que de la bien repousser.

ils ravagent les Campagnes, & ne pouvant entrer dans les Villes, ils ſont bien-toſt forcez de ſe retirer, ou par la ſaiſon, ou par la diſette. Ceux au contraire, qui joignent la ſageſſe a la valeur, achevent plus heureuſement leurs entrepriſes : car par la ſeureté des retranchemens ils ſont toûjours en repos dans leur Camp, ils ne combattent jamais qu'avec avantage, & les Places fortes leur ſont enfin renduës. Et parce que cette methode eſt la plus humaine & la plus reguliere, & que l'autre n'eſt qu'un débordement ou un brigandage, je veux auſſi montrer en cét endroit, quelle eſt cette Fortification de Campagne, que nous appellons Retranchement. Elle eſt de même que l'autre ; ou naturelle, ou artificielle : & a pour objet, ou le Campement d'une Armée, ou la Circonvallation d'une Place aſſiegée.(97) Pour la Fortification d'un Camp, les Grecs ſe ſervoient ordinairement de la naturelle, les Romains toûjours de

97.

---

97. Il devoit ajoûter, ou l'Art de conduire les Tranchées, & de faire des logemens ſur les poſtes que l'on a occupez ; car la ſcience de l'Ingenieur ne paroiſt pas peu dans ces rencontres.

l'artificielle :

l'artificielle : & j'estime que l'une &
l'autre, ou les deux ensemble, peuvent estre utilement employez, selon
la situation & l'occurrence des lieux.
Mais vous devez bien prendre garde,
que vôtre logement soit par tout à couvert des attaques d'un ennemi vigilant:
(98) car autrement ce qui doit estre
la cause de vostre salut, sera bien-tost
l'occasion de vostre perte, ne con-
noissant rien de si pernicieux en la
guerre que la foiblesse d'un mediocre
Retranchement. Et sans alleguer les
exemples des siecles passez, combien
est-il arrivé de desordres en ce temps
par le deffaut de ces Fortifications;
& combien en seroit-il encore surve-
nu, si par la timidité des uns, la ne-

98

98. La bonté d'un Retranchement ne consiste pas seulement dans la profondeur des
Fossez, & dans la quantité des Forts & Redoutes dont on le garnit, elle dépend principalement de l'assiete du Camp : mais le choix du
lieu est plûtost le fait d'un General que d'un
Ingenieur; ce qu'il y a de certain est que plus
l'assiette est desavantageuse & le peril considerable, plus aussi la precaution de l'Ingenieur
doit estre grande à faire de larges & profonds
Retranchements, & à les garnir de Forts &
autres Ouvrages de Campagne, capables d'une
plus grande resistance.

N

gligence des autres n'étoit bien souvent assurée ? Ne *tombez* donc plus en cette commune erreur, & environnez toûjours voftre Camp d'un bon Parapet à trois Banquettes en façon de petit Rempart, avec un Foffé de largeur & de profondeur, convenable, foit au temps du fejour que vous y ferez, foit au danger du voifinage d'une Armée.

Quant aux autres pieces de ces Fortifications de Campagne, outre les Demi-lunes & Redoutes *qui font* trop communes pour en difcourir : je vous montreray la methode de les conftruire en cette forte.

Pour les Redoutes.

TRacez un fimple Quarré, de quatre coftez ou lignes de même longueur, de dix, de vingt, ou de trente toifes chacune, felon l'importance des lieux où vous les drefferez : aufquelles vous ferez des Remparts, des Parapets & des Foffez convenables à leur grandeur. (99)

99. Le Chevalier de Ville donne aux Foffez de ces Ouvrages depuis dix jufques à quinze pieds de large, & fept à huit pieds de pro-

Pour l'Etoille à six pointes.

Marquez un Triangle equilateral de trois lignes égales, chacune de soixante toises de longueur, & les divisez en trois : puis formez sur le milieu des faces de chacune de ces trois lignes, un Triangle équilateral de vingt toises pour les trois costez : & vous aurez tracé vostre Etoille de six Angles de soixante degrez & de douze faces de vingt toises. Que si cette Etoille ne vous semble pas assez grande, vous n'avez qu'à donner nonante toises aux trois premieres lignes, & trente toises aux trois petits Triangles. (100)

100

fondeur, & de la terre qui en sort il en fait un Parapet qui sert de Rempart, avec une ou deux Banquettes pour tirer par dessus. Marolois leur donne huit pieds de large, & six de profondeur. On ne sçauroit rien determiner de certain là dessus ; sinon que ces mesures doivent changer suivant la resistance que l'on veut estre faite par ces sortes d'Ouvrages.

100. Le Chevalier de Ville se moque avec raison de cét Auteur Italien, qui se contente, pour rejeter les Forts à Etoille de dire, que ce sont des Cometes fatales à ceux qui les font bâtir ; mais je ne voy pas qu'il ait trop de rai-

De l'Etoile Octogonale.

Tirez un simple Quarré de quatre lignes de soixante toises, & les divisez chacune en trois : puis marquez sur le milieu de ces quatre faces des Triangles equilateraux de vingt toises pour costez, & vous formerez en ce faisant voftre Etoile de huit Angles, quatre de nonante degrez, & quatre de soixante, & de seize faces de vingt toises chacune. Que si vous la desirez plus grande, il ne faut que donner nonante toises aux côtez du premier Quarré, & trente toises aux

101   costez des quatre petits Triangles.(101)

son, non plus que les autres qui les deffendent, à soutenir qu'elles font bien flanquées : Pour moy je suis persuadé qu'elles ne le font non plus qu'une Redoute, & qu'un Angle rentrant n'est pas plus flanqué dans la rencontre des lignes qui le composent, que l'est une ligne droite : toutefois dans ces petits Forts on peut dire, qu'il n'y auroit guere de Place où l'on pût estre à couvert, si ce n'estoit precisément dans l'Angle, ou fort proche.

101. Si l'on veut faire une Etoille Octogonalle dont tous les Angles foient droits, il n'y a qu'à construire deux Quarrez de même grandeur & de même centre, dont les Diagonales

Pour les Forts à quatre Baſtions.

SI c'eſt ſur des coſtez de cent toiſes de longueur, *qu'il faille faire cette ſorte de Forts*, prenez la moitié des meſures du Quarré de ma grande Fortification, & obſervant la même règle, vous tracerez aiſément voſtre Fort de quatre Baſtions. Si c'eſt ſur des coſtez de nonante toiſes, prenez la moitié des meſures du Quarré de la moyenne Fortification : & s'ils n'en ont que quatre-vingt de longueur ; ne prenez que la moitié des meſures du Quarré de la petite. Que ſi vous en voulez tracer ſur des faces de ſoixante toiſes, prenez un tiers ſeulement des meſures des quatre lignes *principales* du Quarré de la moyenne Fortifica- tion, en cette ſorte, ſoixante toiſes pour la baſe, huit toiſes pour la ligne perpendiculaire, dix-huit toiſes deux pieds pour les faces des Baſtions, &

ſe coupent reſpectivement à Angles droits, on donnera aux coſtez de ces Quarrez ſoixante- huit toiſes de long, ſi l'on veut que les faces ſoient de vingt toiſes, & cent deux toiſes aux mêmes coſtez, ſi l'on demande que les faces de l'Etoille en ayent quarante.

N iij

onze toifes pour les complemens des lignes de deffenfe : & par ce moyen vous aurez voftre compte.

Pour les Forts à cinq Baftions.

SI les cinq coftez exterieurs font de cent toifes , prenez de même la moitié des mefures de ma grande Fortification : s'ils font de nonante toifes, prenez la moitié des mefures de la moyenne : & fi vos cinq coftez ne font que de quatre-vingt toifes , ne prenez que la moitié des mefures de la petite. Que s'ils n'étoient que de foixante toifes , prenez le tiers feulement des longueurs des quatre lignes *principales* de la moyenne Fortification , à fçavoir foixante toifes pour la bafe , dix pour la ligne perpendiculaire , dix-huit toifes deux pieds pour les faces des Baftions, & dix toifes quatre pieds pour les complemens des lignes de deffenfe. De forte qu'en obfervant avec ces mefures les regles de mes Fortifications du troifiéme Chapitre , vous tracerez aifément ces petits Pentagones : (102) que je n'eftime que

102. Il n'y a rien à dire touchant la conftruction & le Calcul de ces deux fortes de Forts,

fort peu , & seulement en cas de necessité , à raison du peu de longueur des lignes de deffense , & de la petitesse de leurs flancs , quoy qu'ils soient de douze toises aux deux premiers , & qu'ils puissent contenir chacun quatre pieces de grosse Artillerie à raison des doubles Parapets , & un Canon caché au bout du second Parapet , comme aux autres flancs des grandes Places.

aprés ce qui a esté dit. L'on peut seulement ajoûter , qu'un Quarré vaudra toûjours mieux icy qu'un Pentagone de même circuit , parce que les parties approcheront plus de la juste grandeur. C'est pourtant une chose assez considerable , que dans cette maniere on puisse autant mettre de Canon dans ces petits Forts , que l'on en peut mettre dans de grandes Places des autres Auteurs , quoiqu'on n'y puisse faire que deux Cazemates. Il faut remarquer que ce qu'il dit , que ces petits Flancs peuvent contenir quatre pieces de Canon , c'est sans comprendre ceux que l'on peut mettre sur l'Epaule , car en les contant ils en pourroient tenir six.

CHAPITRE XIV.

Des Places à Fossez pleins d'eau.

LEs diverses experiences de tant de Siéges faits en cette Guerre, ont fait naiître une question assez considerable parmi les Ingenieurs : pour decider quelles sont les Places les plus avantageuses, de celles dont les Fossez sont secs, ou de celles qui les ont pleins d'eau. Et toutefois les opin'ons n'en ont pas esté long-temps debattuës, puis que les plus estimez de nos Capitaines & de nos Ingenieurs ont déja condamné les dernieres : soit pour les difficultez d'en pouvoir bien deffendre les Demi-lunes, lors que les deux attaques des Assiegeans les enferment par la prise des Contrescarpes, (d'où il est arrivé souvent, ou que les Assiegez les ont abandonnées de peur de manquer de retraite, ou qu'ils les ont fort peu conservées pour se retirer à loisir dans des Bâteaux, ou sur des planches mal-assûrées :) soit pour la facilité d'attacher le Mineur au Rempart des Baftions, contre lequel les Ennemis ne peuvent agir de la main, par l'impoffiblité d'aller à luy à raifon de l'eau des Foffez de la Place. Les autres avantages que *les Auteurs* de cette opinion alleguent en fa faveur, font tirez des empêchemens que toutes ces eaux apportent à la communication de tant de pieces, aux Combats des Foffez, & à la Retraite des Sorties : à tous lefquels inconveniens j'effayeray de répondre maintenant & de remedier tout enfemble, autant pour en éclaircir la verité, que pour faire voir que les Places à Foffez pleins d'eau ne font point inferieures aux autres. (103)

103

Mais pour tenir quelque ordre en cette matiere, il eft bon de vous inftruire tout au long des circonftances particulieres, tant de la forme de certains Ouvrages, que de la maniere de

103. LEs Foffez pleins d'eau, ont encore ces incommoditez : qu'à moins que ce ne foit une eau vive & courante ils engendrent un mauvais air, qu'en Hyver eftant gelez ils expofent la Place à eftre facilement furprife, que les Sorties font difficiles à faire, & la Retraite dangereufe quand on eft repouffé.

se deffendre en ces Places à Fossez pleins d'eau, construites sur le modelle de la seconde Place parfaite du sixiéme Chapitre, comme la plus excellente de toutes, & la plus convenable à ce sujet.

Commençant donc par les flancs dont les Figures sont toûjours semblables, vous en ferez la Platte-forme de la premiere & basse Cazemate, à fleur d'eau, ou sur le niveau de la terre; & vous partagerez le reste de la hauteur du Rempart en deux également, pour les deux autres Plateformes de de la haute & de la moyenne Cazemate: afin que les flancs de ces Places à Fossez pleins d'eau, ayent aussi leurs trois Parapets de même que ceux des autres. Ce que vous observerez encore en la construction des flancs de la grande Contrescarpe, afin que tout soit semblable.

Vous ferez aussi le fond du second Fossé des Bastions, sur le niveau de la terre: afin d'y pouvoir combattre à coups de main, & de pied ferme; d'autant qu'en cét endroit plus qu'en nul autre, la deffense doit estre & plus grande, & plus heureuse, & plus obstinée.

(104) Quant au choix des Fortifi- 10
cations exterieures, prenez toûjours
celles de ma seconde Place parfaite,
d'autant que toute la grande Contrescarpe en est continuée, & non
point separée, comme sont les Demi-
lunes, & les Contregardes de l'autre
Place parfaite ; pour éviter en ces Fossez pleins d'eau les empêchemens de
la libre communication de tant de
pieces.

Le seul desavantage donc que je trouve en ces Places à Fossez pleins d'eau,
n'est qu'aux seules difficultez de passer
commodément aux Demi-lunes & aux
Contrescarpes ; auquel cas je conseille
de faire par tout des portes prestes à
démurer au milieu des Courtines, &
des Ponts à fleur d'eau sur de bons

104. C'est Principalement dans les Places à
Fossé plein d'eau que le second Rempart est
necessaire : & comme c'est particulierement
dans ces Places qu'on peut sçavoir plus preci-
sement l'endroit de la Mine, il est certain que
ne pouvant se faire au dessous de ce second
Fossé, elle peut estre toûjours facilement even-
tée, & que l'Assiegeant ne pouvant attaquer la
Brêche, quand même elle ne seroit faire que
par un front fort petit, la deffense de ce second
Rempart & du Fossé n'en sçauroit estre que
fort longue & heureuse.

Pilotis, mais ce defavantage eft tellement recompenfé par tant de circonftances favorables, que je croy qu'il
faut preferer maintenant ces Fortereffes aux autres, pour les raifons fuivantes. (105)

1° Parce que les Ennemis n'en peuvent
paffer les Foffez, que fur des Ponts,
des Galleries ou des Chauffées longues à dreffer ; & que par un front
limité à la petite largeur de l'une ou
de l'autre de ces pieces.

2° Parce qu'ils ne peuvent jamais paffer
au deffous des Foffez par des Mines
ou des Caves foûterraines, comme il
s'eft pratiqué en divers Sieges, lors
que l'Artillerie d'un flanc de Baftion
ne pouvoit eftre entiérement démon-
tée, ce qui doit arriver bien plus apparemment en mes nouvelles Fortifications.

3° Parce que s'attachant aux Remparts
pour les miner, ils ne peuvent jamais

105. Il ne faut pas craindre que ces Ponts
que l'on fera pour la communication de la
Place aux dehors, fervent auffi de paffage aux
Ennemis, l'on peut inventer mille manieres de
rendre ces Ponts inutiles quelques forts qu'ils
puiffent eftre, aprés qu'ils auront fervi à fe
retirer, les dehors eftant pris.

estre au dessous de vous, le méme avantage estant de vostre costé : soit pour les contreminer ou en éventer les Fourneaux, soit pour accabler en les prevenant, & leurs Travailleurs & une partie de leur Galerie, le reste de laquelle ne recevra pas moins de mal, du second Rempart de vostre Bastion découvert par cette Brêche volontaire, que vous reparerez aussitost pour attendre de nouvelles attaques.

4° Enfin parce qu'étant souvent repoussez d'un mêmé endroit du Bastion, ils ne peuvent couler ny à droit ny à gauche pour creuser de nouvelles Mines sans de nouveaux Ponts, à cause de l'eau des Fossez : & que par la même raison ils ne peuvent passer au dessous du second Fossé du même Bastion. (106)

106

106. L'on peut ajoûter pour derniere raison, que lorsque les Assiegeants peuvent vuider un Fossé plein d'eau ils ne manquent jamais de le faire, ce qui est une marque evidente de la bonté de ces Fossez, & il ne sert de rien de dire comme le Chevalier de Ville, qu'on ne les vuide que quand on veut passer le Fossé, & qu'avant ce temps-là ils apportent beaucoup d'incommoditez aux Assiegez, parce que s'il demeure constant qu'un Fossé plein d'eau soit

Mais afin de ne paroître pas si par-
tial pour ces Places à Fossez pleins
d'eau, je veux declarer en cét endroit
un avantage qu'elles ne peuuent donner que difficilement : à sçavoir, de
creuser des Mines à loisir au dessous
des pointes des Contrescarpes du côté
que les Ennemis conduisenr leurs approches, soit pour faire sauter le logement qu'ils y feront, soit pour enter-
rer l'Artillerie destinée à battre vos
flancs, ou soit enfin pour rompre le
chemin couvert de leurs descentes au
Fossé. Dans toutes *ces occasions* il faut
agir avec autant de secret que de conduite. Mais en tout cas ce sera sans
danger pour vous, & toûjours au
grand prejudice des Assaillans : soit
pour la perte du temps s'ils découvrent vos desseins & qu'ils y veulent

plus difficile à passer, il s'ensuivra toûjours qu'il
resistera le mieux dans le temps où il faut faire
le plus de resistance, estant certain d'ailleurs
que dans le reste du Siege il est impossible
d'empêcher l'Ennemi de faire ses approches,
& que les sorties ne sont pas toûjours d'un si
grand usage, à moins que l'on n'ait du monde superflu que l'on ne se mette pas trop en
peine de conserver, outre qu'il n'est pas impossible de les faire en bon ordre quand le Fossé
est plein d'eau.

remedier, soit pour les dommages qu'ils en recevront, si leurs Hommes, leurs Travaux, & leurs Canons, se trouvent ensevelis dans les ruines de vos Fourneaux & de vos Mines ; lesquelles vous ne manquerez pas de fort avancer sous les mêmes Contrescarpes, de crainte d'en trop combler les Fossez de vos Bastions : par le renversement de la terre prochaine. (107) 107

107. Ce n'est pas toûjours une consequence que l'on ne puisse pas miner la Contrescarpe quand le Fossé est plein d'eau ; car si l'eau est plus basse que la Campagne rien n'empêchera de faire ces sortes de Fourneaux : or cela peut arriver assez souvent, car l'Assiegeant ne manquera jamais de choisir le lieu le plus élevé pour y poser sa Batterie.

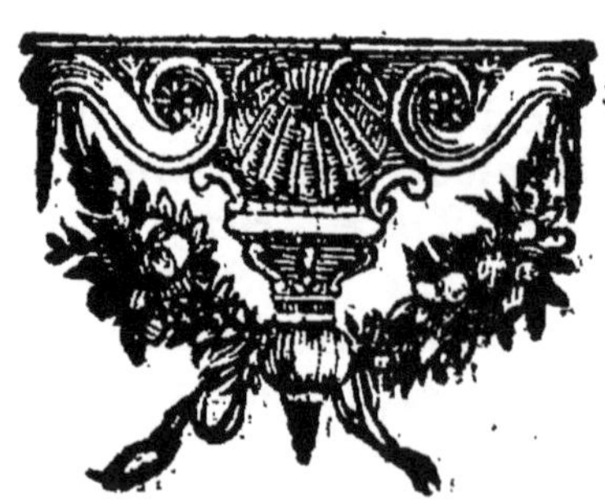

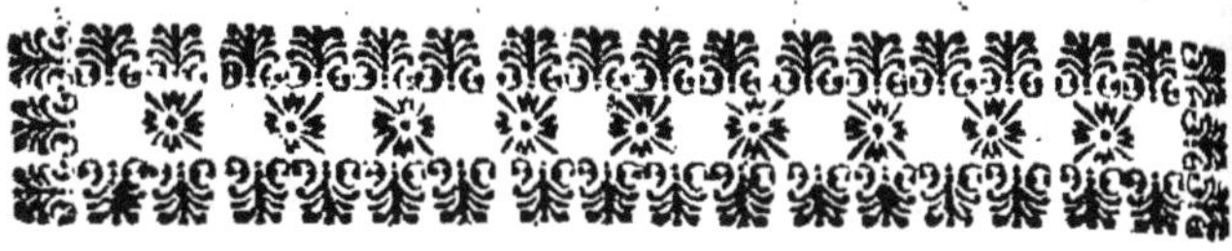

CHAPITRE XV.

Du nombre & de l'employ des Soldats.

CE que j'ay dit de l'Artillerie, je le puis maintenant dire des Soldats : que *ce n'est point* la grandeur de la Place, mais la quantité des attaques des Assiegeans qui en doit regler le nombre pour la deffense. Celuy donc que j'estime le plus convenable en des Fortifications comme les miennes, & pour n'opposer qu'aux deux approches qui se font seulement, par quelque ennemi que ce soit : est de deux mille à peu prés. (108) Car si la Ville est grande, les Habitans en

108.   JE ne croy pas que ce qu'il dit du nombre des Soldats soit bien vray, qu'il ne faille pas le regler par le nombre des Bastions, car il est certain qu'il y a bien des Places que deux mille hommes ne deffendroient pas long-temps contre une grande Armée, la ressource des Bourgeois est bien peu de chose, & il ne faut pas faire grand fond sur une Populace sans discipline & sans exercice ; & d'ailleurs Il est bien rare qu'ils soient fort portez à se deffen-

grandeur

gardent les endroits qui ne sont point assaillis, & si la Forteresse est petite, la même garnison n'y peut que trop raisonnablement satisfaire. Quant à l'employ de ces deux mille Soldats, il les faut distinguer en cette maniere : neuf cens en chacune des attaques, divisez en trois cens pour trois gardes differentes ; afin que par le repos de deux nuits franches & entieres, ils puissent plus facilement resister aux fatigues d'un Siege d'environ quatre mois de deffense. Et le surplus de ce nombre doit estre instruit & destiné de longue main, à l'usage des Mines, & à servir l'Artillerie. (109) Les autres considerations, que je recommande à ceux qui auront à deffendre des Pla-

dre, la plufpart ne se mettent guere en peine à qui ils soient, & il y en a peu qui n'aiment mieux se rendre que de voir brûler leurs maisons & desoler leurs familles par un long Siege : aussi les plus grands Capitaines les ont toûjours desarmez dans ces occasions, bien loin de faire aucun fond sur eux pour la deffense de la Place.

109. Des deux cens personnes qui restent la moitié suffira pour servir l'Artillerie avec toute la diligence possible, & l'autre moitié destinée aux travaux de terre, ne doit pas estre de simples Pionniers, mais des Soldats disci-

ces ainſi fortifiées, & avec un pareil nombre de Gens de guerre, ou à peu prés, ſont entre autres.

1°. De ménager également, & la vie, & la ſanté des Soldats, d'autant que les Fortifications ſans la force & l'adreſſe des Hommes, ne ſont que des pieces mortes, inutiles & ſuperfluës. (110)

2°. D'avoir par tout des bons Logemens en ſes dehors, & des Corps de garde couverts en ſes Baſtions & Demi-lunes attaquées ; pour les exempter tout enſemble & des exceſſives chaleurs du Soleil, & de l'humidité des frequentes pluyes, & des froidures aiguës de la nuit ; dont il arrive d'abord des maladies.

plinez & aguerris, car il eſt certain que ces perſonnes ne font que conſommer des munitions & ſervent tres-mal dans l'occaſion, & qu'il n'y a point de Soldat qui ne vaille mieux pour le travail dans les lieux dangereux quand on le paye bien. Nôtre Auteur ne parle point des Ingenieurs, parce qu'il ſuppoſe que cela s'entend de ſoy-même.

110. De ces deux choſes qu'il demande, la premiere conſiſte à ne pas les expoſer à de grandes & frequentes ſorties, & la ſeconde aux choſes qu'il explique enſuite touchant le logement, nourriture, veſtement & bon traitement des Soldats dans le temps de maladie.

3°. De prendre un soin particulier de leurs veſtemens & de leur nourriture ; des malades & des bleſſez : afin qu'ils ne viennent point à perdre le courage avec la vigueur, & l'affection avec les forces ; & que par l'exemple du bon traitement des affligez, ils s'expoſent plus volontairement aux dangers, n'y ayant point de miſere qui ne ſoit douce eſtant flatée.

4°. De les rendre obeïſſans par l'apprehenſion des châtimens, & courageux par le profit des recompenſes, d'autant que la crainte & l'avarice ſont les plus communes paſſions des ames vulgaires : il faut toutefois piquer d'honneur les plus ambitieux, parce que la gloire eſt le ſeul prix des vertus heroïques. (111)

5°. De les faire travailler pour de l'argent aux Retranchemens & aux reparations des Brêches ; car en la Guerre le Pic, & la Pêle font plus que l'é-

III

111. L'Honneur, l'Avarice & la Crainte ſont les motifs qui obligent à la deffenſe, il ne faut exciter les Officiers que par le premier, parce que c'eſt celuy qui les anime ordinairement, du moins c'eſt celuy dont ils veulent qu'on les croye animez : & que les deux autres ſont plus propres aux ames ſerviles.

pée & le mousquet ; parce que par le profit *que les Soldats* en retirent, la joye de la bonne chere se mêle avec les ennuis de tant de *veilles & de gardes*, le vin des tables avec le sang des blessures, & l'allegresse avec les funerailles des camarades. (112)

6°. De ne les flater jamais par l'attente d'un secours veritable ou suposé, ny par l'esperance d'une capitulation favorable : de crainte qu'ils ne deviennent plus nonchalans, & que le premier venant à manquer, ils ne murmurent pour obtenir l'autre : mais de leur declarer ouvertement que la seule esperance est en la valeur, & le salut en la Victoire. (113)

112. Il faut pourtant prendre garde que le vin & la bonne chere ne les empêche pas de faire leurs fonctions, c'est souvent un temps fort propre à estre forcez que celuy des réjouissances, où des Soldats yvres n'ont plus ny raison pour se conduire, ny force pour se deffendre.

113. Il faut craindre aussi que le desespoir ne porte les Soldats à la Rebellion, ce n'est pas souvent un artifice à negliger que l'esperance d'un secours vray ou supposé, cette esperance soutient quelquefois une Garnison, & donne moyen de gagner ces temps fâcheux, ausquels l'on est souvent obligé de lever le Siege.

7°. De leur deffendre absolument, de conférer ou de s'entretenir avec les ennemis sur quelque sujet que ce soit : d'autant qu'il n'est pas difficile de disposer à se rendre, ceux qui n'en sont déja que trop *tentez*, & par la crainte de tant de dangers, & par la longueur de tant de fatigues : il faut en rompre aussi-tôst les discours commencez, soit à coups de mousquet *(ce qui est le plus court & le plus seur)* soit à belles injures ; autant pour ne point faire paroître de foiblesse de vôtre côté par ces vigoureuses réponses, que pour irriter les Acteurs de ces beaux entretiens, par ces outrages & ces mocqueries. (114)   114

8°. De ne les obliger point à tirer vainement toute la nuit au delà des forces naturelles, comme il se pratique ordinairement : de crainte de les trop lasser & même rebuter dés les premie-

114. On ne sçauroit trop empêcher ces sortes de Conferences, le seul effet qu'elles puissent produire est de diminuer le courage, & d'augmenter l'insolence des Soldats contre les Chefs.

Il faut ajoûter aux moyens dont le Comte de Pagan se sert pour faire taire les Assiegeants, des châtimens rigoureux contre ceux de la Garnison qui leur prestent l'oreille.

res journées du Siége : & d'autant
moins que tous ces Parapets , & ces
Courtines en feu, ne servent qu'à con-
sommer inutilement vos munitions:&
n'apportent que peu de perte & point
de retardement au travail des approches & des attaques.

9°. De ne les exposer que rarement au danger des grandes Sorties,
mais seulement en petit nombre &
pour des effets signalez ; d'autant que
les premieres sont toûjours plus dommageables à ceux qui les font , & les
autres plus avantageuses. Car la dimi-
nution du nombre des Assiegez ne
peut estre recompensée , ny par les
avantages des Combats , ny par la
quantité des morts abbatus dans les
Tranchées : parce que les Ennemis les
reprennent incontinent , & que par
de nouveaux renforts , leurs pertes
sont continuellement reparées.

Mais de les reserver pour les Combats des Brêches , des Remparts , des
seconds Fossez , & des Retranchemens ; d'autant qu'en ces endroits plus
avantageux , pour eux , l'adresse & la
valeur ne doivent point estre épar-
gnées, non plus que le sang des Soldats : destinez en fin , non pour sortir

en grand nombre, & en bel ordre de
la Place renduë, comme il se voit aux
Sieges de ce temps, mais pour donner & sacrifier leurs vies au salut de
l'Etat, & de la Patrie, dans la plus
longue resistance, toutes les fois que
les Fortifications & la prudence le pou-
ront permettre; puisque l'utilité & non
le desespoir, doit limiter la perte de ces
Braves Hommes. (115)

        115

 Enfin de ne laisser jamais, ny les
grandes actions sans loüange, ny les
services signalez sans recompense: d'autant que la vertu malheureuse a peu
d'emulateurs, & qu'elle excite plutost
la compassion que l'envie.

 115. Il est bien difficile de determiner jufqu'où un Gouverneur se doit deffendre, cela
dépend d'une infinité de circonstances, du lieu,
du temps, de la qualité de l'Assiegeant & de
l'Assiegé, dont la diversité fait que certaines
Places ont resisté plus long-temps qu'on ne
sçauroit se l'imaginer.

CHAPITRE XVI.

De la Table des Angles.

MAis pour renfermer en cet Ouvrage tous les moyens de pratiquer ces Fortifications, avec la même facilité, & sans les penibles secours de la Trigonometrie, du Demi-cercle, du Grafometre, de la Boussole, du Rapporteur, du Compas de proportion, & du Polymetre, instrument de mon invention, autant simple en sa fabrique, & aussi juste en ses operations, qu'universel & facile en son usage. J'ay resolu de vous donner encore cette Table des Angles. Dans la justesse & facile intelligence de laquelle, vous trouverez aussi-tost la valeur de tous les Angles plans, par les seules mesures des cordeaux & des lignes droites, afin de pouvoir tracer vos Fortifications aussi commodément sur la terre, que sur le papier, & pour prendre avec la même facilité les plans de toutes sortes de Places & de Villes; comme nous enseignerons aprés avoir

expliqué

expliqué l'uſage de la Table ſuivante
en cette maniere.

Pour meſurer les Angles.

PRenez trente pieds ſur les deux
lignes ou côtez qui forment l'Angle que vous deſirez connoître; puis
tirez un cordeau bien tendu de
l'une de ces deux extremitez à l'autre,
& les meſurez bien exactement en
pieds & en pouces: d'autant que ce
cordeau ou troiſiéme ligne ſera la Baſe
ou coſté oppoſé à l'Angle requis.

Cela fait & ſuppoſant la longueur
de ce troiſiéme coſté de trente-huit
pieds & dix pouces, voyez la Table
des Angles plans, & cherchant dans
les Colonnes des Baſes vos trente-
huit pieds dix pouces, prenez vis à vis
de ces trente-huit pieds dix pouces,
quatre-vingt degrez & quarante minutes dans la prochaine colonne des
Angles, lequel nombre de quatre-
vingt degrez & quarante minutes,
ſera la vraye meſure de l'Angle que
vous demandez.

Ce qu'obſervant toûjours vous trouverez avec autant de facilité que de
juſteſſe, l'ouverture & la valeur de

P

quelque Angle que ce soit, car fup-
pofant encore, que voftre Bafe foit
de la longueur de cinquante pieds &
trois pouces, & les deux autres coftez
toûjours de trente pieds, felon les
fondemens de ma Table : vous cher-
cherez dans les mêmes Colonnes
des Bafes, voftre nombre de cinquante pieds & trois pouces, & vous
trouverez vis à vis, cent treize degrez
& quarante-quatre minutes pour la
mefure de l'Angle requis ; en gardant
les proportions des minutes & des pouces, comme je fais en cét exemple.

En reduifant ce nombre de pieds,
dans les mefures d'une petite Echelle
de cuivre parfaitement bien divifée,
vous mefurerez les mêmes Angles fur
la carte, & fur le papier, avec autant
de jufteffe que par vos cordeaux fur
la terre ; en fuivant toûjours la même
methode : d'autant qu'aux Triangles
Equi-Angles, les coftez font proportionnels entr'eux.

Or cette methode de mefurer les
Angles plans, vous fervira dans les
deffeins & en la conftruction des Places irregulieres ; pour en connoître
tres-exactement l'ouverture des Angles, tant des Baftions, que du Poly-

gone, formez par la rencontre des lignes de vos Bases, ou coftez exterieurs, tant fur le papier que fur la terre.

Pour tracer les Angles.

ENtrez dans les Colonnes des Angles de ma Table, & y cherchez le nombre des degrez & minutes que vous aurez à tracer, par exemple de cinquante-quatre degrez & trente-quatre minutes, & aprés l'avoir trouvé prenez à cofté dans la prochaine Colonne des Bases, le nombre des pieds & pouces qui luy répond, à fçavoir vingt-fept pieds & fix pouces pour la vraye mefure de la longueur de la Bafe de voftre Angle, toûjours compris par les deux autres coftez du Triangle de trente pieds chacun.

Et pour avoir encore fur les mêmes fondemens la longueur de la Bafe de l'Angle droit, cherchez dans les mêmes Colonnes des Angles, le nombre de quatre-vingt dix degrez ; & & prenez à cofté dans la prochaine Colonne des Bafes, quarante-deux pieds & cinq pouces pour la vraye mefure de la Bafe de l'Angle droit, en gardant comme je fais en cét exemple, les proportions des minutes & des pouces.

Puis pour tracer ces Angles sur la terre, & sur une ligne donnée ; mesurez premièrement sur ladite ligne donnée, la longueur de trente pieds à commencer à l'endroit où doit estre la pointe de vostre Angle. Puis tirez de cette pointe un cordeau de trente pieds de longueur, & de l'autre extremité de la premiere ligne mesurée, tirez un autre cordeau de la longueur de quarante deux pieds & cinq pouces, *qui est la Base* de l'Angle droit.

Cela fait, étendez ces deux cordeaux jusques à ce qu'ils se joignent & qu'ils forment le Triangle : car alors vostre Angle droit sera tracé par le cordeau de trente pieds sur la premiere ligne donnée, avec tres-grande justesse.

Ainsi mesurant toûjours deux côtez de trente pieds, & achevant de former le Triangle par un troisiéme costé de la longueur de la Base trouvée en ma Table, vous ne manquerez jamais de tracer exactement quelque Angle que ce soit, aprés en avoir pris la Base en *cette Table* ; dont le

Table de la Base des Angles plans, compris par 2 côtez de 30 Pieds chacun.

| BASES. | | ANGLES. | | BASES. | | ANGLES. | |
Pieds.	Pouces.	Degrez.	Minutes.	Pieds.	Pouces.	Degrez.	Minutes.
0.	2	0.	19	3.	2	6.	3
0.	4	0.	38	3.	4	6.	22
0.	6	0.	57	3.	6	6.	41
0.	8	1.	8	3.	8	7.	0
0.	10	1.	36	3.	10	7.	20
1.	0	1.	55	4.	0	7.	39
1.	2	2.	14	4.	2	7.	58
1.	4	2.	33	4.	4	8.	17
1.	6	2.	52	4.	6	8.	36
1.	8	3.	11	4.	8	8.	55
1.	10	3.	30	4.	10	9.	14
2.	0	3.	49	5.	0	9.	34
2.	2	4.	8	5.	2	9.	53
2.	4	4.	28	5.	4	10.	12
2.	6	4.	47	5.	6	10.	31
2.	8	5.	6	5.	8	10.	50
2.	10	5.	25	5.	10	11.	9
3.	0	5.	44	6.	0	11.	29

Suite de la Table des Angles plans.

BASES		ANGLES		BASES		ANGLES	
Pieds.	Pouces.	Degrez.	Minutes.	Pieds.	Pouces.	Degrez.	Minutes.
6.	2	11.	48	9.	2	17.	34
6.	4	12.	8	9.	4	17.	54
6.	6	12.	27	9.	6	18.	13
6.	8	12.	46	9.	8	18.	32
6.	10	13.	5	9.	10	18.	52
7.	0	13.	24	10.	0	19.	11
7.	2	13.	43	10.	2	19.	30
7.	4	14.	2	10.	4	19.	50
7.	6	14.	22	10.	6	20.	9
7.	8	14.	41	10.	8	20.	29
7.	10	15.	0	10.	10	20.	48
8.	0	15.	20	11.	0	21.	8
8.	2	15.	39	11.	2	21.	27
8.	4	15.	58	11.	4	21.	46
8.	6	16.	18	11.	6	22.	6
8.	8	16.	37	11.	8	22.	25
8.	10	16.	56	11.	10	22.	45
9.	0	17.	15	12.	0	23.	5

Suite de la Table des Angles plans.

BASES		ANGLES		BASES		ANGLES	
Pieds.	Pouces.	Degrez.	Minutes.	Pieds.	Pouces.	Degrez.	Minutes.
12.	2	23.	24	15.	2	29.	17
12.	4	23.	44	15.	4	29.	37
12.	6	24.	3	15.	6	29.	56
12.	8	24.	23	15.	8	30	16
12.	10	24.	42	15.	10	30	36
13.	0	25.	1	16.	0	30	56
13.	2	25.	21	16.	2	31.	16
13.	4	25.	41	16.	4	31.	36
13.	6	26.	1	16.	6	31.	56
13.	8	26.	20	16.	8	32.	16
13.	10	26.	40	16.	10	32.	35
14.	0	26.	52	17.	0	32.	55
14.	2	27.	18	17.	2	33.	15
14.	4	27.	38	17.	4	33.	35
14.	6	27.	58	17.	6	33.	55
14.	8	28.	18	17.	8	34.	15
14.	10	28.	38	17.	10	34.	35
15.	0	28.	57	18.	0	34.	55

Suite de la Table des Angles plans.

BASES		ANGLES.	
Pieds.	Pouces.	Degrez.	Minutes.
18.	2	35.	15
18.	4	35.	35
18	6	35.	55
18.	8	36.	15
18.	10	36.	35
19.	0	36.	55
19.	2	37.	15
19.	4	37.	36
19.	6	37.	56
19.	8	38.	16
19.	10	38.	36
20.	0	38.	56
20.	2	39.	17
20.	4	39.	38
20.	6	39.	58
20.	8	40.	18
20.	10	40.	38
21.	0	40.	59

BASES		ANGLES.	
Pieds.	Pouces.	Degrez.	Minutes.
21.	2	41.	19
21.	4	41.	40
21.	6	42.	0
21.	8	42.	20
21.	10	42	40
22.	0	43.	1
22.	2	43.	22
22.	4	43.	42
22.	6	44.	3
22.	8	44.	24
22.	10	44.	44
23.	0	45.	5
23	2	45.	26
23.	4	45.	46
23.	6	46.	7
23.	8	46.	28
23.	10	46.	48
24.	0	47.	9

Suite de la Table des Angles plans.

BASES.		ANGLES.		BASES.		ANGLES.	
Pieds.	Pouces.	Degrez.	Minutes.	Pieds.	Pouces.	Degrez.	Minutes.
24.	2	47.	30	27.	2	53.	51
24.	4	47.	51	27.	4	54.	12
24.	6	48.	12	27.	6	54.	34
24.	8	48.	33	27.	8	54.	55
24.	10	48.	54	27.	10	55.	16
25.	0	49.	15	28.	0	55.	38
25.	2	49.	36	28.	2	56	0
25.	4	49.	57	28.	4	56.	22
25.	6	50.	18	28.	6	56.	43
25.	8	50.	39	28.	8	57.	5
25.	10	51.	0	28.	10	57.	26
26.	0	51.	21	29.	0	57.	48
26.	2	51.	42	29.	2	58.	10
26.	4	52.	3	29.	4	58.	32
26	6	52.	24	29.	6	58.	54
26	8	52.	46	29.	8	59.	16
26.	10	53.	8	19.	10	59.	38
27.	0	53.	29	30.	0	60.	0

Suite de la Table des Angles plans.

BASES		ANGLES		BASES		ANGLES	
Pieds.	Pouces.	Degrez.	Minutes.	Pieds.	Pouces.	Degrez.	Minutes.
30.	2	60.	22	33.	2	67.	7
30.	4	60.	44	33.	4	67.	30
30.	6	61.	6	33.	6	67.	53
30.	8	61.	28	33.	8	68.	16
30.	10	61.	50	33.	10	68.	39
31.	0	62.	13	34.	0	69.	2
31.	2	62.	35	34.	2	69.	25
31.	4	62.	58	34.	4	69.	48
31.	6	63.	20	34.	6	70.	11
31.	8	63.	43	34.	8	70.	35
31.	10	64.	5	34.	10	70.	59
32.	0	64.	28	35.	0	71.	22
32.	2	64.	50	35.	2	71.	46
32.	4	65.	13	35.	4	72.	10
32.	6	65.	36	35.	6	72.	33
32.	8	65.	58	35.	8	72.	56
32.	10	66.	21	35.	10	73.	20
33.	0	66.	44	36.	0	73.	44

Suite de la Table des Angles plans.

BASES		ANGLES		BASES		ANGLES	
Pieds.	Pouces.	Degrez.	Minutes.	Pieds.	Pouces.	Degrez.	Minutes.
36.	2	74.	8	39.	2	81.	30
36.	4	74.	32	39.	4	81.	55
36.	6	74.	56	39.	6	82.	20
36.	8	75.	20	39.	8	82.	46
36.	10	75.	44	39.	10	83.	12
37.	0	76.	9	40.	0	83.	37
37.	2	76.	33	40	2	84.	3
27.	4	76.	57	40.	4	84.	29
37.	6	77.	22	40.	6	84.	54
37.	8	77.	46	40.	8	85.	20
37.	10	78.	9	40.	10	85.	46
38.	0	78.	35	41.	0	86.	13
38.	2	79.	0	41.	2	86.	39
38.	4	79.	25	41.	4	87.	3
38.	6	79.	50	41.	6	87.	32
38.	8	80.	15	41.	8	87.	58
38.	10	80.	40	41.	10	88.	25
39.	0	81.	5	42.	0	88.	51

Suite de la Table des Angles plans.

| BASES. | | ANGLES. | | BASES. | | ANGLES. | |
Pieds.	Pouces.	Degrez.	Minutes.	Pieds.	Pouces.	Degrez.	Minutes.
42.	2	89.	18	45.	2	97.	40
42.	4	89.	45	45.	4	98.	9
42.	6	90.	12	45.	6	98.	38
42.	8	90.	39	45.	8	99.	8
42.	10	91.	6	45.	10	99.	37
43.	0	91.	33	46.	0	100.	6
43.	2	92.	1	46.	2	100.	36
43.	4	92.	29	46.	4	101.	6
43.	6	92.	56	46.	6	101.	36
43.	8	93.	24	46.	8	102.	7
43.	10	93.	52	46.	10	102.	37
44.	0	94.	20	47.	0	103.	8
44.	2	94.	48	47.	2	103.	39
44.	4	95.	16	47.	4	104.	10
44.	6	95.	45	47.	6	104.	41
44.	8	96.	13	47.	8	105.	12
44.	10	96.	42	47.	10	105.	44
45.	0	97.	11	48.	0	106.	16

Suite de la Table des Angies. plans.

BASES.		ANGLES.		BASES		ANGLES.	
Pieds.	Pouces.	Degrez.	Minutes.	Pieds.	Pouces.	Degrez.	Minutes.
48.	2	.06.	48	51.	2	117.	2
48.	4	107.	20	51.	4	7.	39
48.	6	107.	52	51.	6	118.	16
48.	8	108.	25	51.	8	18.	53
48.	10	108.	57	51.	10	119.	31
49.	0	109.	30	52.	0	20.	9
49.	2	110.	4	52.	2	120.	47
49.	4	110.	37	52.	4	121.	26
49.	6	11.	11	52.	6	122.	6
49.	8	111.	44	52.	8	122.	45
49.	10	112.	18	52.	10	123.	25
50.	0	112.	53	53.	0	124.	6
50.	2	113.	28	53.	2	124.	47
50.	4	114.	3	53.	4	125.	28
50.	6	114.	38	53.	6	126.	10
50.	8	115.	14	53.	8	126.	52
50.	10	115.	49	53.	10	127.	35
51.	0	116.	26	54.	0	128.	19

Suite de la Table des Angles plans.

BASES. Pieds.	Pouces.	ANGLES. Degrez.	Minutes.	BASES. Pieds.	Pouces.	ANGLES. Degrez.	Minutes.
54.	2	129.	3	57.	2	144.	39
54.	4	129.	48	57.	4	145.	43
54.	6	130.	33	57.	6	146.	48
54.	8	131.	19	57.	8	147.	57
54.	10	132.	6	57.	10	149.	8
55.	0	132.	53	58.	0	150.	20
55.	2	133.	41	58.	2	151.	36
55.	4	134.	30	58.	4	152.	55
55.	6	135.	20	58.	6	154.	19
55.	8	136.	11	58.	8	155.	48
55.	10	137.	3	58.	10	157.	22
56.	0	137.	57	59.	0	159.	3
56.	2	138.	49	59.	2	160.	53
56.	4	139.	44	59.	4	162.	54
56.	6	140.	40	59.	6	165.	12
56.	8	141.	38	59.	8	167.	48
56.	10	142.	36	59.	10	171.	28
57.	0	143.	36	60.	0	180.	0

mesures reduites à la petite Echelle de cuivre, vous donneront le moyen de les tracer aussi parfaitement sur le papier que sur la terre, à cause des proportions déja remarquées.

Tellement que vous trouverez toûjours dans la Table des Angles de ce Chapitre, ou les Angles par les Bases, ou ces Bases par les Angles, selon que vous en aurez à faire ; mais il faut considerer que l'operation sera de beaucoup plus juste, si au lieu des Angles de cent soixante ou plus de degrez d'ouverture, vous vous servez de leurs complemens au Demi-cercle, comme il se pratique assez ordinairement en de semblables rencontres. (116)   116

116.   LE fondement de cette Table est que les trois côtez d'un Triangle estant connus on connoist les Angles, & sa construction est la même que celle de la ligne des Cordes sur le Compas de proportion, & on peut la trouver sur le Compas de proportion en cette sorte. Soit faite une Echelle de soixante pieds, ensorte que sa moitié soit égale à la distance du Centre au point de soixante degrez sur la ligne des Cordes, si vous prenez sur vostre Eschelle la grandeur de la Base vous aurez l'ouverture de l'Angle sur la ligne des Cordes. Cette Table est pourtant d'une grande utilité, en ce qu'elle donne les parties plus

CHAPITRE XVII.

Des Plans des Villes.

VOus trouverez encore en l'ufage de ma Table des Angles, les plus courts, les plus faciles & les plus juftes moyens de lever les Plans des Villes & des Places; foit pour les rapporter fur le papier felon nos methodes du precedent Chapitre, foit pour les for-

precifément que ne peut faire le Compas de proportion.

Quoique l'on n'ait pas tous les Angles minute à minute dans cette Table, on ne laiffera pas de trouver avec affez de precifion la Bafe de tout Angle propofé, en partageant proportionnellement la difference des Bafes de l'Angle immediatement plus grand, & de l'Angle immediatement plus petit que celuy qu'on cherche, la raifon eft que les Angles de cette petiteffe font entr'eux fenfiblement comme leurs Bafes. Par cette methode on trouvera aifément la Bafe de l'Angle de quatre-vingt dix degrez, qu'il a propofé pour exemple quoy qu'il ne foit point dans fa Table.

tifier

tifier irregulierement conformement à nos precedentes maximes : puis qu'en la pratique de cette Science , il est toûjours necessaire de composer un dessein à loisir avec le Compas , la Regle & le Crayon , devant que de l'executer & de le tracer en Campagne , ou à l'entour des Villes irregulieres. Pour lever donc quelque Plan que ce soit , & pour le prendre avec autant de diligence que de justesse ; vous n'avez qu'à mesurer exactement, & les diverses longueurs de toutes les murailles droites , & les ouvertures de tous les Angles de leurs rencontres : les premiers avec des toises bien divisées , les autres avec des cordeaux & par les Bases , selon le precedent Chapitre : tellement que faisant le tour de la Place , ou de la Ville , dont le plan vous sera necessaire , vous n'aurez qu'à marquer par ordre sur le papier , & tout de suite , le nombre de toises & de pieds de la longueur de chaque muraille ou ligne droite , & les Angles qu'elles font en leurs rencontres , en degrez , & minutes , ainsi que vous les trouverez en la Table precedente. Mais pour éviter la peine de chercher en faisant le tour de la Place , les de-

Q

grez & minutes de ces Angles : ne marquez sur voltre papier que les seules longueurs en pieds & en pouces de chacune de leurs Bafes. Car les ayant toutes par ordre, vous en trouverez plus à loifir la valeur des Angles oppofez. Tellement qu'en fuivant toûjours ces inftructions , vous ne manquerez jamais d'avoir les Plans que vous defirerez, avec autant & plus de fidelité & de juftefle que par toutes les voyes dont on fe fert ordinairement.

Je penfe avoir oublié de vous dire que pour tracer fur la terre les Places regulieres du troifiéme Chapitre, au-quel cas les centres & les Demi-dia-metres font inutiles, il ne faut que tirer les longueurs de mes Bafes ou coftez exterieurs fur les Angles du Polygone que vous aurez à conftruire , dont vous trouverez la valeur comme il eft enfeigné au même endroit , tellement que pour tracer par exemple l'Exa-gone de ma grande Fortification fur la terre , tirez feulement fix lignes de la longueur de deux cens toifes cha-cune , fur autant d'Angles de cent vingt degrez , felon les inftructions de la Table des Angles du precedent Chapitre. (117)

117. **C**Ette maniere de lever des Plans est bonne quand tous les costez sont accessibles, nous en donnerons d'autres dans nostre Geometrie Pratique, & pour ce qui est de tracer sur le Terrain, on en pourra voir la maniere dans le Traité de la Construction effective des Fortifications.

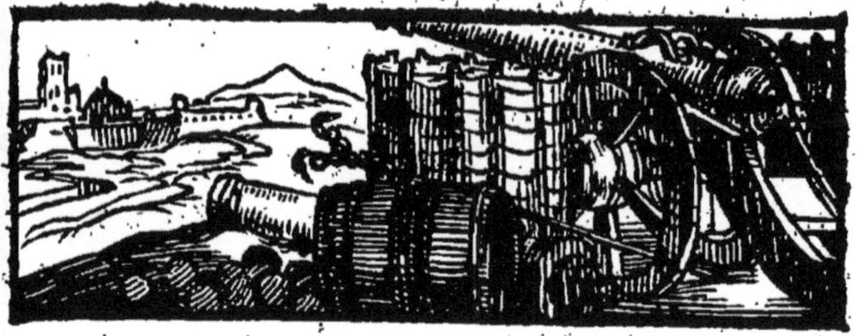

LES
THEOREMES
GEOMETRIQUES
DU COMTE
DE PAGAN

Sur les Fortifications Regulieres.

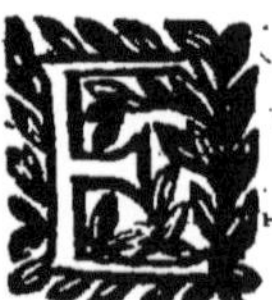

E N tous les Polygones Reguliers, comme tous les costez sont égaux entre eux, & les Angles du centre semblables: Tous les Demi-diametres sont pareillement égaux, & les Angles du Polygone semblables.

Q iij

2. Si vous divisez le Cercle en trois cens soixante degrez par cinq, vous aurez soixante & douze degrez, pour les Angles du Centre du Pentagone. Et si vous les divisez, par six: vous aurez soixante degrez, pour les Angles du Centre de l'Exagone.

3. Si vous divisez le Cercle, par sept : vous aurez cinquante-un degrez & vingt-six minutes, pour les Angles du Centre de l'Eptagone. Et si vous le divisez par huit ; vous aurez quarante-cinq degrez, pour les Angles du Centre de l'Octogone.

4. Si vous divisez le Cercle par neuf : vous aurez quarante degrez, pour les Angles du Centre de l'Enneagone. Et si vous le divisez par dix: vous aurez trente-six degrez, pour les Angles du Centre du Decagone.

5. Si vous divisez le Cercle par onze : vous aurez trente-deux degrez & quarante-quatre minutes, pour les Angles du Centre de l'Endecagone. Et si vous le divisez par douze, vous aurez trente degrez pour les Angles du Centre du Dodecagone.

6. Si vous ostez l'Angle du Centre de cent quatre-vingt degrez, vous aurez les Angles du Polygone, d'au-

tant que les Angles du Centre font toûjours le complement au Demi-cercle des Angles des Polygones.

7. Mais en ces Angles des Figures regulieres, vous trouverez ces proportions Arithmetiques. Au Triangle ils font moitié de l'Angle du Centre : au Quarré ils font égaux : au Pentagone Sefquialteres : en l'Exagone doubles, en l'Eptagone deux fois & demi : en l'Octogone triples : en l'Enneagone trois fois & demi : au Decagone quadruples : en l'Endecagone quatre fois & demi : & au Dodecagone quintuples.

8. En tout Cercle, le Demi-diametre eft égal au cofté de l'Exagone infcrit. Et fi le même Demi-diametre eft le cofté majeur d'un Triangle Rectangle ; coupé en extreme & moyenne raifon par le cofté mineur : l'Hypotenufe du même Triangle eft égale au cofté du Pentagone infcrit au même Cercle. Mais le cofté mineur du même Triangle eft égal au cofté du Decagone defcrit dans la même Figure.

9. En tous les Polygones reguliers : comme le Sinus de l'Angle du Centre eft au cofté du Polygone, ainfi

Sinus de la moitié de son complement au Demi-cercle est au Demi-diametre.

10. Si vous décrivez un Cercle sur le Demi-diametre de cent cinquante-trois toises & un pied, vous le diviserez en cinq également, par un costé de cent quatre-vingt toises ; & formerez le Pentagone, dont le Diametre sera de trois cens six toises & deux pieds.

11. Si vous tracez un Cercle sur le Demi-diametre de cent quatre-vingt toises, vous le diviserez en six également par un costé de cent quatre-vingt toises, & formerez l'Exagone dont le Diametre sera de trois cens soixante toises.

12. Si vous décrivez un Cercle sur le Demi-diametre de deux cens sept toises & trois pieds, vous le diviserez en sept également par un costé de cent quatre-vingt toises, & formerez l'Heptagone, dont le Diametre sera de quatre cens quinze toises.

13. Si vous tracez un Cercle sur le Demi-diametre de deux cens trente-cinq toises & un pied, vous le diviserez en huit également par un costé de cent quatre-vingt toises, & for-

merez

merez l'Octogone, dont le Diametre
fera de quatre-cens foixante-dix toifes
& deux pieds.

14. Si vous décrivez un Cercle fur
le Demi-diametre de deux cens foi-
xante-trois toifes & un pied, vous le
diviferez en neuf également, par un
cofté de cent quatre-vingt toifes, &
formerez l'Enneagone, dont le Diametre fera de cinq cens vingt-fix toifes & deux pieds.

15. Si vous tracez un Cercle fur le
Demi-diametre de deux cens quatre-
vingt onze toifes & deux pieds, vous
le diviferez en deux également par
un cofté de cent quatre-vingt toifes,
& formerez le Decagone, dont le
Diametre fera de cinq cens quatre-
vingt deux toifes & quatre pieds.

16. Si vous décrivez un Cercle fur
le Demi-diametre de trois cens dix-
neuf toifes & deux pieds, vous le diviferez en onze également par un
cofté de cent quatre-vingt toifes, &
formerez l'Endecagone, dont le Diametre fera de fix cens trente-huit toifes & quatre pieds.

17 Si vous tracez un Cercle fur le
Demi-diametre de trois cens quaran-
te-fept toifes & quatre pieds, vous le

R

diviserez en douze également par un costé de cent quatre-vingt toises, & & formerez le Dodecagone, dont le Diametre sera de six cens nonante-cinq toises & deux pieds.

18. En tout Cercle, divisé en quatre parties égales par deux Diametres; si l'un des Demi-diametres est le Diametre d'un Cercle décrit, & l'extremité de l'un des Demi-diametres prochains, le Centre d'un autre Cercle qui touche le precedent : la ligne droite tirée de l'une à l'autre intersection du premier & du troisiéme Cercle sera le costé du Pentagone inscrit dedans le premier Cercle, & le rayon du troisiéme Cercle, sera le costé du Decagone inscrit dans la même Figure.

19. En tous les Polygones reguliers, les Demi-diametres coupent en deux également les Angles du Polygone, & forment avec les costez autant de Triangles égaux & Isosceles qu'il y a des Faces en la Figure.

20. Le Diametre est à la Circonference ; comme sept à vingt-deux, mais si au Logarithme du Diametre, vous ajoûtez ce Logarithme 0497149 vous aurez encore plus justement le

Logarithme de la Circonference. Et
au contraire, si du Logarithme de la
Circonference vous ôtez ce même
Logarithme, vous aurez le Logarithme du Diametre.

21. En tous les Cercles le Rectangle du Demi-diametre & de la moitié
de la Circonference est égal à la superficie du Cercle ; *ainsi vous trouverez cette superficie* en multipliant
la moitié de la Circonference par
la moitié du Diametre : mais si
vous employez en ces operations
Arithmetiques l'usage des Logarith-
mes, vous ajoûterez au lieu de multiplier, & vous ôterez au lieu de di-
viser, en toutes les Regles proportionnelles.

22. Avec le Diametre du Pentagone & les precedentes Methodes, vous
trouverez neuf cens soixante-deux
toises & cinq pieds pour sa Circonference : & 73605. toises quarrées
pour la superficie de son Cercle ; &
avec les Diametres des autres Polygones, vous aurez semblablement les
Circonferences & les superficies de
leur Cercle, suivant le precedent
exemple.

23. Si vous multipliez la dixiéme

partie de la Circonference du Pentagone par la moitié de son Diametre,
vous aurez la superficie des Secteurs
de son Cercle. Semblablement si vous
multipliez la douziéme partie de la
Circonference de l'Exagone par la
moitié de son Diametre, vous aurez
les Secteurs de son Cercle ; comme
pareillement de tous les Polygones,
suivant cette raison doublée.

24. La superficie du *Cercle circon-
scrit au* Pentagone superieur estant
divisée par cinq, donne 14721. toises
quarrées pour la superficie des Secteurs
de ce Cercle : la même Regle servant
encore aux autres Polygones, pour
trouver les Secteurs de leurs Cercles.

25. En tous les Polygones reguliers : la perpendiculaire venant du
Centre sur l'un des costez, coupe en
deux également, & l'Angle du Centre & le côté du Polygone, sur lequel elle fait deux Angles droits ; parce que leurs Triangles sont Isosceles.

26. Comme le Sinus total est au
Demi-diametre, ainsi le Sinus de la
moitié de l'Angle du Polygone est à
la perpendiculaire : ou comme le Sinus
de la moitié de l'Angle du Centre est
à la moitié du costé du Polygone,

ainsi le Sinus de son complement est à la perpendiculaire.

27. Si vous ostez le Quarré de la moitié du costé du Polygone, du Quarré du Demi-diametre, vous aurez le Quarré de la même perpendiculaire, trouvée par ces methodes de cent vingt-quatre toises dans le precedent Pentagone, toûjours proposé pour exemple.

28. En tous les Polygones reguliers : l'un des costez estant multiplié par le nombre du Polygone, donne la Circonference ; & le Rectangle compris de la moitié de la Circonference & de la perpendiculaire, est égal à la superficie du Polygone.

29. Si vous multipliez le costé du même Pentagone par cinq, vous aurez neuf cens toises pour la Circonference : & si vous multipliez la moitié de cette Circonference par la precedente perpendiculaire, vous aurez 49789. toises quarrées pour la superficie de ce Pentagone.

30. Si vous multipliez la moitié de l'un des costez par la perpendiculaire, vous aurez la superficie de l'un des Triangles Isosceles en tous les Polygones reguliers ; & la superficie d'un

Polygone regulier eſtant diviſée par le nombre de ſes coſtez, donne le contenu de chacun de ſes Triangles Iſoſceles, comme au Pentagone ſuperieur de 9958. toiſes quarrées.

31. Si vous ôtez la ſuperficie du Polygone de la ſuperficie de ſon Cercle, vous aurez la difference de ces deux ſuperficies : & ſi vous diviſez cette difference par le nombre des coſtez du Polygone, vous aurez la ſuperficie des Segmens de ſon Cercle.

32. Semblablement ſi vous oſtez la ſuperficie de l'un des Triangles du Polygone, de la ſuperficie de l'un des Secteurs, vous aurez le contenu de l'un des Segmens de ſon Cercle, trouvé de 4763. toiſes quarrées, en l'exemple du même Pentagone.

33. En tous les Polygones reguliers : les côtez exterieurs ſont les Baſes de noſtre Fortification, tracée interieurement, & dans la Figure ſur la longueur des coſtez du Polygone.

34. Si vous diviſez la Baſe ou le coſté exterieur en deux également, & que du point du milieu vous éleviez une perpendiculaire, égale à la troiſiéme partie de la moitié de la Baſe, l'extremité de cette ligne perpendicu-

laire sera le point de l'Intersection des deux lignes de deffense.

35. Si des deux extremitez de la Base ou costé exterieur du Polygone vous tirez deux lignes droites, qui se coupent sur l'extremité de la precedente perpendiculaire, ces deux lignes droites seront les deux lignes de deffense de vostre Fortification reguliere.

36. Si vous prenez la troisiéme partie du plus grand Segment de ces deux lignes droites tirées, vous aurez la longueur de l'un & de l'autre complement des deux lignes de deffense ; & ces complemens ajoûtez aux plus grands Segmens de ces deux lignes droites, feront toute la longueur de l'une & de l'autre ligne de deffense.

37. Si de l'un à l'autre bout de ces deux lignes de deffense vous tirez une ligne droite, cette ligne droite sera la Courtine, parallele à la Base ; & si vous élevez des lignes perpendiculaires sur ces mêmes lignes de deffense aux deux points de leurs extremitez, ces lignes perpendiculaires feront les deux Flancs & marqueront les deux Faces des Bastions sur les plus

grands Segmens des deux lignes de deffense.

38. Si vous coupez la ligne du Flanc en deux également, la partie la plus éloignée sera l'Epaulement du Baſtion ; & la partie la plus prochaine de la Courtine sera la largeur du Flanc enfoncé ſur le prolongement des li-gnes de deffenſe, ou Demi-gorges des Baſtions, selon ces maximes con-formes à celles que nous avons ailleurs expliquées.

39. Si vous diviſez toute la ligne du Flanc en trois également, vous aurez les intervalles des trois Parapets du Flanc enfoncé, toûjours paralleles entre eux, & perpendiculaires ſur le prolongement de la ligne de deffenſe; formans la haute, la moyenne, & la baſſe Cazemate, fondement eſſentiel de la deffenſe des Places.

40. Si des extremitez des troiſié-mes Parapets des deux Flancs d'un Baſtion vous tirez deux lignes paral-leles aux deux Faces, vous marque-rez le Baſtion interieur ; & ſi derriere les faces des Baſtions, les Flancs, & la Courtine, vous tracez des paralle-les dont l'intervalle ſoit égal au tiers de toute la ligne du Flanc, vous aurez

l'épaiſſeur des Remparts ; ſur la troiſiéme partie deſquels ſe forment les
Parapets à l'ordinaire.

41. Si aprés avoir diviſé la Face du
Baſtion en trois également , vous en
prenez l'une des parties pour la largeur du Foſſé , vous marquerez la
Contreſcarpe parallele aux deux Faces des Baſtions , faiſant un Angle
rentrant vers le milieu de la Courtine.

42. Si ſur l'Angle rentrant de la
Contreſcarpe vous marquez deux lignes , l'une & l'autre égales à la moitié de la Courtine , vous aurez les
deux Demi-gorges de la Demi-lune ;
& ſi vous prenez la diſtance du milieu de la Baſe à l'une des extremitez
de la Courtine , vous aurez les deux
Faces de la même Demi-lune , formans un Angle du coſté de la Campagne.

43. Si avec l'intervalle égal à la moitié de la Demi-gorge de la Demi-
lune , vous tirez deux lignes paralleles à ſes deux Faces, vous tracerez la
Demi-lune interieure : & ſi derriere
les Faces de l'une & de l'autre Demi-
lune vous marquez des paralleles ,
dont la diſtance ſoit égale à la qua-

triéme partie de la Demi-gorge ; vous aurez l'épaisseur de leurs Remparts, sur lesquels les Parapets seront formez à l'ordinaire.

44. Si vous prenez la moitié de la Demi-gorge pour la largeur du Fossé de la Demi-lune, vous marquerez sa Contrescarpe parallele à ces deux Faces ; & si avec le même intervalle vous tracez deux lignes paralleles au Fossé des Bastions, vous formerez la Contregarde, faisant un Angle semblable à celuy du Bastion de la Place, & prolongeant ses deux costez jusques aux Fossez des Demi-lunes.

45. Si les Remparts, les Parapets, & les Fossez de ces Contregardes sont pris sur le modelle de ceux de la Demi-lune, vous les aurez dans leurs justes mesures ; à condition toutefois que tous ces Fossez soient circulaires autour des Angles saillans, tant des Demi-lunes que des Contregardes.

46. Enfin si vous tirez des lignes paralleles à tous les Fossez des Contregardes & des Demi-lunes, vous marquerez la Contrescarpe avec les Places d'Armes à l'accoûtumée, tout autour de la Forteresse ; prenant pour la largeur de cette Contrescarpe la

moitié de l'épaisseur du Rempart de la Demi-lune.

47. Que si vous suivez la même Regle, & observez les mêmes Maximes sur toutes les Bases ou costez exterieurs de vostre Polygone, vous aurez une Place reguliere & parfaite ; d'autant que tous les Bastions seront semblables aussi bien que les Demi-lunes & les Contregardes.

48. Et comme cette Fortification est universelle, & pour tous les Polygones, elle convient semblablement à toutes les longueurs des Bases que vous aurez, soit autour d'une Circonference ou sur une ligne droite donnée : mais les plus parfaites de ces Fortifications seront celles dont les Bases s'éloigneront le moins de la longueur de cent quatre-vingt toises.

49. Si vous ajoûtez le Quarré de la perpendiculaire, au Quarré de la moitié de la Base ou costé exterieur, vous aurez le Quarré du plus grand Segment de la ligne de deffense ; & si vous prenez la troisiéme partie de ce Segment, vous aurez le complement de la même ligne de deffense.

50. Si vous ajoûtez le Quarré des deux tiers de la Courtine au Quarré

des deux tiers de la Bafe , vous aurez
le Quarré de toute la longueur de la
ligne de deffenfe ; d'autant qu'elle eft
égale au Diametre du Rectangle , des
deux tiers de la Bafe & des deux tiers
de la Courtine.

51. Comme le plus grand Segment de
la ligne de deffenfe eft à la Bafe ou côté
exterieur , ainfi le complement de la
ligne de deffenfe eft à la Courtine : &
partant comme le complement eft égal
à la troifiéme partie du plus grand Segment de la ligne de défenfe, la Courtine
eft égale à la troifiéme partie de la Bafe.

52. Les deux Triangles Ifofceles ,
l'un fur la Bafe & l'autre fur la Courtine eftant femblables , & leurs coftez
proportionnels , la ligne de deffenfe
& la perpendiculaire prolongée jufques à la Courtine , fe coupent en raifon proportionnelle ; & partant comme le plus grand Segment de la ligne
de deffenfe eft à fon complement ,
ainfi la perpendiculaire eft au fien , à
fçavoir égal à la troifiéme partie de
cette perpendiculaire.

53. Semblablement comme la perpendiculaire eft à la moitié de la Bafe, ainfi
le complement de la perpendiculaire
eft à la moitié de la Courtine ; & par-

ezttant la Courtine eſt égale au tiers de
la Baſe, & le complement de la perpendiculaire au tiers de la même ligne.

54. Si vous oſtez le Quarré du double de la Courtine, du Quarré de
toute la ligne de deffenſe, vous aurez
le Quarré de toute la perpendiculaire avec ſon complement ; & partant l'intervalle d'entre les deux lignes paralleles de la Baſe & de la
Courtine.

55. Les trois lignes de la Baſe de
la Courtine & de toute la perpendiculaire ſont rationelles & commenſu-
rables entre elles ; d'autant que le
complement de la perpendiculaire meſure trois fois la perpendiculaire, ſix
fois la Courtine, neuf fois la moitié
de la Baſe, & dix-huit fois la Baſe.

56. Si vous ajoûtez le Quarré de
la moitié de la Courtine au Quarré
de la perpendiculaire totale, vous aurez le Quarré de la Face ou coſté de
la Demi-lune ; laquelle Face eſt auſſi
commenſurable avec les trois lignes
precedentes, eſtant cinq fois le complement de la perpendiculaire.

57. Semblablement ſi vous prenez
la Diagonale du Rectangle, compris
de la moitié de la Courtine & de la

perpendiculaire totale , vous aurez le même costé de la Demi-lune ; & cette Diagonale estant l'Hypotenuse d'un Triangle Rectangle , dont les trois costez sont commensurables , la troisiéme partie de la Courtine prise cinq fois égalera les deux Faces de la Demi-lune.

58. Comme la moitié de la Base est à la perpendiculaire, ainsi le Sinus total est à la Tangente de l'Angle diminué de dix-huit Degrez , vingt-six Minutes & dix Secondes , qui est le complement de soixante-onze Degrez , trente-trois Minutes & cinquante Secondes , moitié de l'Angle flanquant de cent quarante-trois Degrez, sept Minutes , & quarante Secondes.

59. Comme le Sinus du complement du double de l'Angle diminué est au complement de la ligne de deffense , ainsi le Sinus du double de l'Angle diminué est au Flanc du Bastion ; ou comme le Sinus total est au complement de la ligne de deffense, ainsi la Tangente du double de l'Angle diminué est au même Flanc, toûjours perpendiculaire sur la ligne de deffense.

60. Si vous ajoûtez le Quarré du

Flanc au Quarré du complement de
la ligne de deffense , vous aurez le
Quarré de l'excez du grand Segment
de la ligne de deffense sur la Face du
Bastion ; & partant toutes les mesures
de la Fortification tracées.

61. D'autant que la Contrescarpe
ou ligne du Fossé est toûjours paralleles à la ligne de deffense , & que
l'Angle rentrant de la même Contrescarpe est égal à l'Angle flanquant
formé par les deux lignes de deffense;
la Face de la Demi-lune est au Sinus
de la moitié de cet Angle flanquant,
comme la Demi-gorge est au Sinus
de la moitié de son Angle saillant
de soixante-neuf Degrez, vingt-trois
Minutes, & vingt-six Secondes.

62. Enfin si vous ajoûtez l'Angle
diminué à l'Angle droit , formé par
le Flanc sur la ligne de deffense , vous
aurez pour l'Angle Obtus du Flanc
avec la Courtine cent huit Degrez ,
vingt-six Minutes & dix Secondes ,
derniere mesure des Angles fixes de
cette methode.

63. Avec la Base de cent quatre-
vingt toises, & la perpendiculaire de
trente, vous trouverez le plus grand
Segment de la ligne de deffense en

cette forte ; comme le Sinus de l'Angle diminué eft à la perpendiculaire de trente toifes , ainfi le Sinus total eft au plus grand Segment de la ligne de deffenfe, de nonante-quatre toifes, cinq pieds & deux pouces.

64. Si vous prenez la troifiéme partie du plus grand Segment de la ligne de deffenfe , vous aurez pour fon complement trente-une toifes, trois pieds & neuf pouces ; & pour toute la longueur de la ligne de deffenfe cent vingt-fix toifes , deux pieds & onze pouces.

65. Avec le complement de la ligne de deffenfe, & le complement au Demi-cercle de l'Angle flanquant de trente-fix Degrez , cinquante-deux Minutes & vingt Secondes ; vous trouverez le Flanc du Baftion en cette forte : comme le Sinus du complement de cet Angle eft au comment de la ligne de deffenfe , ainfi le Sinus du même Angle eft à la longueur du Flanc de vingt-quatre toifes , quatre pieds & quatre pouces.

66. Derechef comme le Sinus du complement au Demi-cercle de l'Angle flanquant eft au Flanc du Baftion, ainfi le Sinus total eft à la longueur

de

de trente-neuf toises, trois pieds &
deux pouces, & cette longueur ostée
du plus grand Segment de la ligne de
deffense donne pour la Face des Bastions cinquante - cinq toises, deux
pieds.

67. Si vous prenez la troisiéme partie de la Base, vous aurez soixante
toises pour la Courtine, & si vous
prenez un tiers de la perpendiculaire,
vous aurez dix toises pour son complement, & quarante pour sa totale
longueur, selon les precedens Theoremes.

68. Semblablement si vous prenez
la moitié de la Courtine, vous aurez
trente toises pour la Demi-gorge de
la Demi-lune ; & si vous prenez le
Diametre du Rectangle de la moitié
de la Courtine, & de toute la perpendiculaire, vous aurez cinquante
toises pour l'une & l'autre face de la
même Demi lune.

69. Toute la superficie comprise entre le costé exterieur du Polygone,
& la Fortification tracée, consiste en
quatre Triangles, dont les deux oppo-
sez sont semblables & Isosceles, & les
deux autres égaux & Rectangles ;
ceux-cy sur les deux Flancs, & les

deux autres sur la Base & sur la Courtine.

70. Si vous multipliez la moitié de la Base par la perpendiculaire, & la moitié de la Courtine par le complement de la même perpendiculaire, vous aurez 3000. toises quarrées pour la superficie des deux Triangles semblables & Isosceles, l'un sur la Base, & l'autre sur la Courtine.

71. Derechef si vous multipliez le complement de la ligne de deffense par le Flanc entier, vous aurez sept cens quatre-vingt toises quarrées pour la superficie des deux Triangles égaux & Rectangles, constituez sur l'un & l'autre Flanc ; & si vous ajoûtez toutes ces sommes ensemble, vous trouverez 3782. toises quarrées pour toute la superficie, comprise entre la Base, les deux faces des Bastions, les deux Flancs & la Courtine.

72. Que si vous multipliez la precedente superficie par cinq, vous aurez 18910. & ce nombre osté de la superficie du Pentagone, du Theoreme vingt-neuf, donne 30879. toises quarrées pour la superficie du Pentagone fortifié selon nos Maximes ; le même estant des autres Polygones,

en faisant le semblable.

73. En toutes les Fortifications regulieres, les Angles flanquez, ou les Angles flanquans, varient toûjours avec le nombre des Polygones ; & parce qu'en cette methode les Angles flanquans sont toûjours semblables, les Angles flanquez changent avec les Angles du centre.

74. En tous les Polygones fortifiez, si vous ostez l'Angle du centre de l'Angle flanquant, vous aurez l'Angle des Bastions de toute la Place reguliere ; d'autant que cet Angle flanquant est toûjours égal aux deux Angles du Bastion & du centre d'un même Polygone.

75. L'Angle flanquant de cette Fortification estant de cent quarante-trois Degrez, sept Minutes & quarante Secondes, les Angles flanquez du Pentagone seront de soixante-onze Degrez, sept Minutes & quarante Secondes ; de l'Exagone de quatre-vingt trois Degrez, sept Minutes & quarante Secondes ; & de l'Eptagone de quatre-vingt onze Degrez, quarante-une Minutes & cinquante-sept Secondes, selon les precedentes Regles, & ainsi des autres Polygones.

76. Si vous divisez le Cercle en quatre parties égales, vous aurez quatre-vingt dix Degrez pour les Angles du centre du Quarré parfait & regulier ; & si vous faites les costez de cent quatre-vingt toises, les Demidiametres seront de cent vingt-sept toises & deux pieds.

77. Si vous divisez les deux tiers de la Base ou costé exterieur en cinq parties égales, l'une de ces parties sera la mesure de la perpendiculaire, élevée sur le milieu de la Base ou costé exterieur ; lequel estant de cent quatre-vingt toises, la perpendiculaire sera de vingt-quatre.

78. D'autant que la difference de la Fortification des Polygones à celle du Quarré parfait, ne consiste qu'en la seule diversité de la perpendiculaire élevée sur le milieu de la Base ; les mêmes Regles des Polygones conviennent toutes à ces Quarrez reguliers, si ce n'est aux Demi-lunes, dont la Face est égale aux cinq parties des six de toute la Courtine.

79. Comme la moitié de la Base est à la perpendiculaire, ainsi le Sinus total est à la Tangente de l'Angle diminué de quatorze Degrez, cinquante-

cinq Minutes, cinquante-quatre Secondes, & par conſequent l'Angle
flanquant formé por les deux lignes
de deffenſe de ce Quarré de cent
cinquante Degrez, huit Minutes &
douze Secondes.

80. Si vous ajoûtez l'Angle diminué à l'Angle droit du flanc & de la
ligne de deffenſe, vous aurez cent
quatre Degrez, cinquante-cinq Minutes & cinquante-quatre Secondes pour
l'Angle obtus du Flanc & de la Courtine ; & pour l'Angle de la Demi-
lune vous le trouverez de ſoixante-dix
Degrez, cinquante-une Minutes &
quarante-ſix Secondes, ſelon les precedens exemples.

81. Que ſi vous oſtez l'Angle du
Centre du Quarré de l'Angle flanquant de ſa Fortification, vous aurez
ſoixante Degrez, huit Minutes &
douze Secondes pour la valeur de
l'Angle des Baſtions de cette Place
reguliere.

82. Et obſervant les precedentes
Methodes, vous trouverez pour la
Face des Baſtions cinquante-ſept toiſes,
deux pieds & huit pouces : pour le
Flanc, dix-ſept toiſes, cinq pieds & trois
pouces : pour la Courtine, ſoixante

toiſes : pour la ligne de deffenſe, cent vingt-quatre toiſes, deux pieds & onze pouces : pour la Face de la Demi-lune cinquante toiſes : & pour ſa Demi-gorge trente : le tout ſur la Baſe de cent quatre-vingt toiſes, & ſur la per-pendiculaire de vingt-quatre.

83. Si ſur le bord d'une Riviere, ou d'un Foſſé vous élevez deux pa-ralleles de même longueur, & les joignez par une ligne droite : cette troiſiéme ligne ſera la Baſe d'une Fortification du tout ſemblable à cel-le de nos Polygones ; & cette piece ainſi fortifiée, eſt un Ouvrage à Cor-ne ou Tenaille, dont les deux coſtez ſont les deux premieres lignes paral-leles.

84. Si vous formez un Rectangle dont la longueur ſoit égale au Dia-metre du Quarré de ſa largeur, les deux lignes qui le diviſeront en qua-tre parties égales, feront les Diame-tres majeur & mineur de l'Ovale par-fait : & ſi vous tirez enſuite les Dia-gonales dans ce Rectangle : les deux lignes paralleles au Diametre mineur, paſſans par les foyers de l'Ellipſe, marqueront en ces Diagonales, les Diametres moyens de l'Ovale.

85. Mais ce Diametre moyen étant égal à la Diagonale du Rectangle; compris du Demi-diametre majeur & du Diametre mineur. Si vous prenez la distance de l'extremité du Diametre mineur, au point du milieu de la moitié du grand Diametre; & qu'avec cette distance vous décriviez un Cercle sur le Centre de la Figure; vous couperez les deux Diagonales du Rectangle precedent aux points où se terminent les Diametres moyens du parfait Ovale.

86. Que si de l'une à l'autre extremité des huit Demi-diametres du precedent Theoreme vous tires des lignes droites; vous aurez les huit Bases ou costez de l'Ovale parfait : sur lesquels traçant toute la Fortification de nos Polygones; vous aurez une Ellipse fortifiée, dans les conditions toutefois des Places irregulieres de nôtre Livre.

87. Au precedent Ovale : si vous doublez le Quarré du Diametre mineur, vous aurez le Quarré du Diametre majeur, & si le premier est posé de trois cens soixante toises, l'autre sera de cinq cens neuf toises & sept pouces. Mais si vous prenez la moitié de la somme, des Quarrez

du Diametre majeur & du Diametre mineur, vous aurez le Quarré de l'un & de l'autre Diametre moyen, trouvez par cette raison de quatre cent quarante toises, cinq pieds & sept pouces.

88. D'autant qu'au Triangle Rectangle, dont le Quarré du costé majeur est double du Quarré du costé mineur, le Sinus de la moitié de l'Angle droit est égal à la Tangente de l'Angle mineur : l'Angle mineur du Centre de l'Ovale parfait, est de trente-cinq Degrez seize Minutes ; & l'Angle majeur du même Centre de cinquante-quatre Degrez & quarante-quatre Minutes, estant le complement de l'autre.

89. Comme la somme des Demi-diametres majeur & moyen est à leur Difference, ainsi la Tangente de la moitié du complement au Demi-cercle de l'Angle mineur du Centre est à la Tangente de la moitié d'un Angle, lequel étant osté tout entier du complement au Demi-cercle de l'Angle mineur du Centre, donne l'Angle mineur de l'Ellypse,

90. Comme la somme des Demi-diametres mineur & moyen est à leur Difference

difference ; la Tangente du complement au Demi-cercle de l'Angle majeur du Centre, est à la Tangente de la moitié d'un Angle ; lequel adjoûté tout entier, au complement au Demi-cercle de l'Angle majeur du Centre, donne l'Angle majeur de l'Ellypse.

91. Que si vous adjoûtez le complement au Demi-cercle, de l'Angle majeur du Centre & de la moitié de l'Angle majeur de l'Ellypse ; avec le complement au Demi-cercle, de l'Angle mineur du Centre & de la moitié de l'Angle mineur de l'Ellypse ; vous aurez l'Angle moyen du même Ellypse.

92. Comme le Sinus de la moitié de l'Angle majeur de l'Ellypse, est au Semi-diametre moyen ; le Sinus de l'Angle majeur du Centre, est au costé majeur de l'ovale ; de 181 Toises 5 pieds & 8 pouces, le Semi-diametre mineur estant de 180 Toises.

93. Comme le Sinus de la moitié de l'Angle mineur de l'Ellypse, est au Semi-diametre moyen ; le Sinus de l'Angle mineur du Centre, est au costé mineur de l'ovale de 147 Toises, 2 pieds 8 pouces. Toutes lesquelles Mesures vous serviront de fon-

T

dement pour toutes les Proportions des autres ovales parfaits.

94. Si sur la longueur d'une Ligne droite donnée, & divisée ou en deux ou en trois ou en quatre Parties égales : vous tracez autant de fois comme sur autant de Bases, la precedente Fortification de nos Polygones ; vous aurez une Fortification droite Reguliere, dont les Angles flanquez seront égaux aux Angles flanquans ; & tout le reste semblable & conforme à nos Theoremes.

95. Si sur le milieu d'une Ligne droite donnée & divisée en quatre Parties égales, vous décrivez interieurement un Demi-cercle ; dont le Diametre soit les deux Parties égales du milieu de la droite Ligne : l'une de ces Parties divisera le Demi-cercle en Trois; & au lieu de Quatre, vous aurez cinq Bases. Sur lesquelles traçant autant de fois, la même Fortification de nos Polygones ; vous aurez une Fortification concave Reguliere, dont les Angles des deux Bastions du milieu de la concavité, seront Rentrans, & d'une forme nouvelle.

96. Si vous divisez les 4 costez d'un Quarré en trois Parties égales : & si

fur celles du milieu de chaque Face, vous formez des Triangles équilateraux : vous aurez l'Eſtoile Octogonale, pour un Fort de Campagne, environné de Rampart & de Foſſé, à l'ordinaire.

97. Semblablement, ſi vous diviſez les trois coſtez d'un Triangle équilateral, en trois Parties égales. Et ſi ſur celles du milieu de chaque Face, vous formez des Triangles équilateraux : vous aurez l'Eſtoile à ſix Pointes, pour un autre Fort de Campagne, environné de Rampart & de Foſſé, à l'accoûtumée.

98. D'autant que les Fortifications irregulieres, ont eſté déja par nous diſtinguées en Paſſageres & en Permanentes ; nous dirons derechef que les Paſſageres ſont celles qui ſe font promptement, autour d'une Place frontiere, pendant le temps de la guerre. Et que les Permanentes, ſont celles qui ſe conſtruiſent à loiſir autour d'une Place importante, pour eſtre de longue durée.

99. Si devant toutes les Portes, & autour d'une Ville frontiere, vous formez des Demi-lunes, dont les Baſes ſoient de 60 Toiſes : & les deux

T ij

Faces chacune de cinquante ; & entre les Demi-lunes, vous tracez des Contregardes ; le tout conformement , à nos Polygones; vous aurez une Fortification irreguliere tres parfaite , & de celles que nous appellons Passageres.

100. Mais si autour d'une Ville plus importante, vous tirez des Lignes droites de diverse longueur: selon les lieux ; & si sur ces Lignes droites , comme sur autant de Bases, vous formez toute la Fortification Reguliere, de nos Polygones: vous aurez une Fortification irreguliere tres-parfaite , & de celles que nous appellons Permanentes. A condition toutefois , s'il se peut, que les plus grandes de vos Bases ne passent jamais cent quatre-vingt Toises ; & que les moindres arrivent toûjours à cent soixante.

DEMONSTRATION
sur le Theoreme 18.

SOIT décrit du Centre E, le Cercle ABCD: & les deux Diametres AC, & BD, se coupans à Angles droits sur le Centre. Derechef soit coupé en deux également au Point F, le Semi-diametre EB: & du Point F, soit décrit le second Cercle BGE, passant sur le Centre du premier. Pareillement soit tirée la Ligne droite FC: & du Point C, soit encore décrit le troisiéme Cercle NHL, touchant en G, le second Cercle BGE. Enfin soit tirée la Ligne droite LN. je dis ensuite que la Ligne droite LN, est l'un des cinq costez du Pentagone regulier, inscrit dans le premier Cercle ABCD.

Par la 7. Demonstration de mes Remarques, le Rayon EC, est coupé en raison extrême & moyenne, par le Segment CH. Et par la 5, & 9. proposition, du 13. Element de Geometrie. LC, égal à CH: est le costé du Decagone, décrit dans le Cercle ABCD; puisque EB, est égal au costé de l'E-

xagone, inſcrit dans le même; par la
quinziéme du 4. Mais par la 15 definition du premier des Elemens,
CN, eſt égal à LC. Et par la 29.
propoſition, du 3. la Circonference
LC, eſt égale à la Circonference
CN Et partant LNC, eſtant double de LC: LN, ſera le coſté du
Pentagone; inſcrit

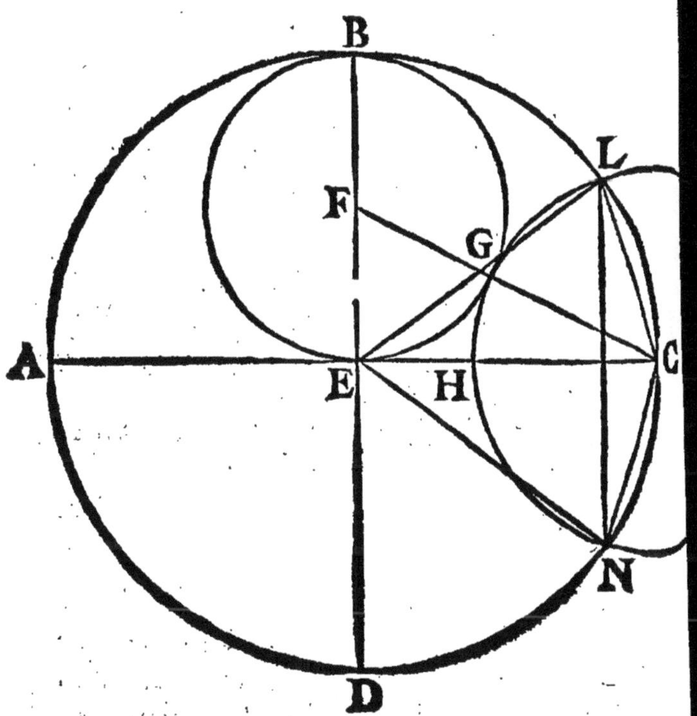

dans le Cercle ABCD. Ce qu'il
falloit faire voir en faveur du Theo-

reme 18. & de la 10. & 11. propoſition du 4. Livre d'Euclyde. Parce
qu'en tirant dans la même Figure,
les deux Lignes droites A L & A N:
vous décrirez dans le Cercle ABCD,
le Triangle Iſocelle L A N; dont le
côté ſera coupé en extrême &
moyenne Raiſon par la Baſe.

DEMONSTRATION
ſur les Theoremes 34. 35. &c.

EN la preſente Figure, BC, eſt
la Baſe de la Fortification reguliere; ou le coſté exterieur du Polygone. DE, eſt la Perpendiculaire ;
égale à la ſixiéme partie de la Baſe
BC. Les deux Lignes droites BEM,
& CEL, ſont les deux Lignes de Défenſe. BH & CI, ſont les deux faces des Baſtions. EF, & EG, ſont
les deux complemens des Lignes de
Défenſe; égaux chacun à la troiſiéme partie de BE ou de CE. FH &
GI, ſont les deux flancs élevez
perpendiculaires ſur les deux Lignes
de Défenſe BG & CF. FG, eſt la
courtine. FL & GM, ſont les deux
Prolongemens des Lignes de Défenſe. Et BA & CA, ſont les Semi-
T iiij

diametres du Polygone.

Derechef l'Angle B ED, est l'Angle de la Fortification reguliere ; toûjours égal en tous les Polygones. Et les deux Angles BCE, & CBE ; sont les Angles diminuez ; toûjours égaux entr'eux, comme les deux Segmens BE, & CE, par la 4. proposition du premier Element de Geometrie : parce que BD, est égal à DC : & que ED, est perpendiculaire sur BC.

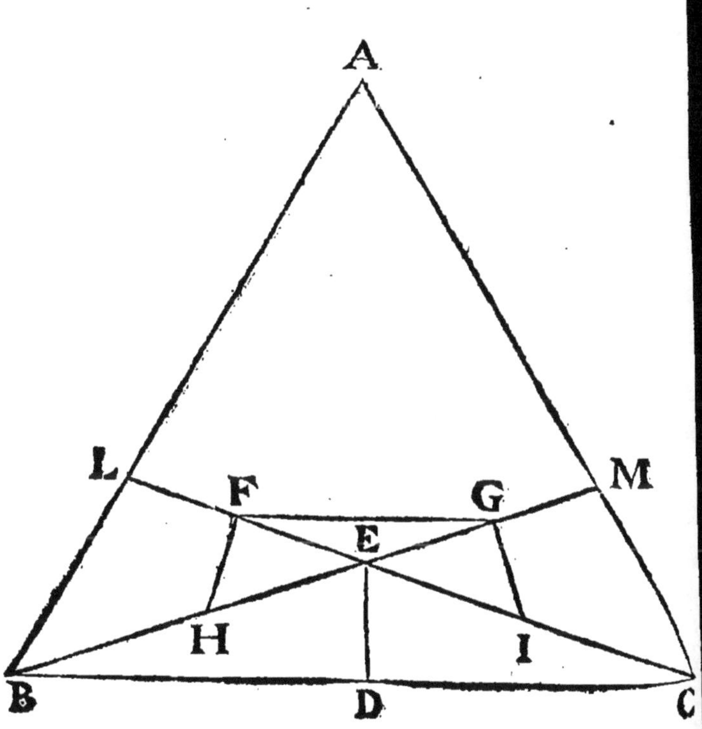

Mais l'Angle FEG , eſtant égal à
l'Angle BEC , par la 15. propoſition
du premier ; & les deux coſtés EF
& GE , eſtans égaux par la conſtruction de la Figure : les deux Angles
EFG & EGF, ſont auſſi égaux entre
eux & le Triangle FGE, eſt ſemblable au Triangle BEC , par la
premiere definition du 6. des Elemens. Et par la 4. propoſition du
même EG, eſtant égal à la troiſiéme
partie de BE : la courtine GF, ſera
égale à la troiſiéme partie de la Baſe BC. Comme ſemblablement les
deux Angles FGE, & EBC, eſtant
égaux entre eux par la ſimilitude
des mêmes Triangles : la même courtine GF , ſera parallele à la même
Baſe CB , par la 27. propoſition du
premier. Ce qu'il falloit demontrer,
en faveur des Theoremes 34. &c.
donnez pour ſupplément du Livre
de nos Fortifications.

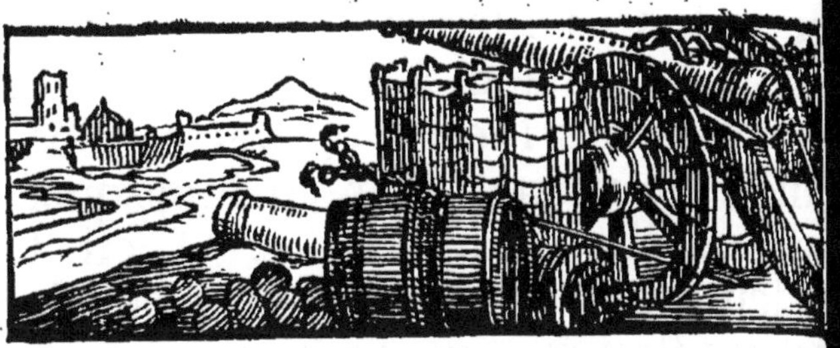

ECLAIRCISSEMENS

De quelques Difficultés qui ont esté proposées sur le Texte et sur les Notes des Fortifications du Comte de Pagan.

QUELQUES Personnes habiles Mathematiciens & Ingenieurs ayant veu les feüilles imprimées de ce Livre avant qu'il ait paru, ont eu la bonté d'en écrire librement leur pensée, & de proposer ce qui leur faisoit de la peine. Si l'on avoit voulu rapporter leur Critique toute entiere, & y répondre, il auroit fallu doubler la grosseur de ce Volume, sans autre utilité, que celle de faire connoistre l'exactitude de ceux à qui on a fait voir cet Ouvrage. Ainsi il a fallu choisir les plus considerables difficultez , dont l'éclaircissement pouvoit servir davantage à l'intelligence du Texte & des Notes, ou fournir l'occasion de traitter plus au long quelque question importante. C'est le dessein que l'on s'est proposé dans les Eclaircissemens qui suivent.

I. DIFFICULTE.

Sur la Note 5. pag. 5.

L'ON a dit dans cette Note qu'il y a des raisons tres physiques qui donnent la preference à l'Angle droit pour les Angles flanqués, & on les y a raportées. Voici ce qu'un fort habile Ingenieur y a trouvé à redire.

Monsieur de Vauban dans toutes les Places qu'il a fortifiées, n'a eu aucun égard à l'Angle flanqué, son seul & unique soin est de le bien défendre, & de ne le faire jamais moindre que de 58 Degrez, hormis dans certaines occasions où le Terrain ne permet pas de le faire si ouvert. J'en ai veu de cinquante, qui ne laissent pas d'estre bons, en égard à leur situation.

Toutes ces Raiſons (que l'on apporte pour ſoutenir les avantages de l'Angle droit) ſont tres-bonnes dans les Academies, mais dans la pratique elles ne ſont de nulle conſequence ; car un Angle droit, aigu, ou obtus, peut eſtre tres-fort ou tres ſoible, puiſque la plûpart du tems c'eſt le Terrain & la maniere de baſtir qui fait la bonté d'un Angle flanqué, & qui le rend fort ou foible ; ſi l'on dreſſoit les Batteries auſſi aiſément ſur le Terrain, que l'on fait ſur le papier, cette Note ſeroit excellente.

ECLAIRCISSEMENT.

QUAND on dir que l'Angle droit a des avantages qui le doivent faire preferer aux autres, cela ſe doit toûjours entendre ſi le reſte eſt égal ; & bien loin qu'on ait crû que cet avantage dût rien faire negliger de ce qui fait une bonne défenſe, on s'eſt au contraire expliqué fortement dans la Note ſuivante contre ceux qui s'attachent à faire leur Angle flanqué de 90 Degrez. On n'a donc fait que raporter les raiſons de ceux qui vouloient que l'Angle flanqué fût droit, ſans les approuver pour cela, ni ſans preten-

dre autre chofe, finon qu'il eftoit preferable quand il fe pouvoit ménager
fans diminuer la bonté de la Défenfe, ni s'expofer à quelqu'autre inconvenient; & cela eft auffi vrai fur
le Terrain & dans l'execution, que
fur le papier, & dans le cabinet.

II. DIFFICULTE.

Sur la Note 8. page 8.

L'ON remarque en cet endroit
que ceux qui s'attachent trop
fcrupuleufement à faire leurs Angles
flanqués droits, tombent dans deux
inconveniens confiderables, le premier, de multiplier inutilement le
nombre des Baftions, fecondement,
que la Face des Baftions oppofez, &
leur Foffé n'eft veu que du fecond
Flanc, dont on pretend que la Défenfe n'eft d'aucune force. Voici ce
que l'on a oppofé en faveur du fecond Flanc.

Monfieur de Vauban ne blâme point le

second Flanc, lorsque la Contrescarpe est
défenduë de tout le Flanc, ou de la plus
grande partie. Monsieur de la Londe estoit
du même sentiment. A mon égard, ne pou-
vant pas comprendre qu'il soit prejudicia-
ble, supposé ce qui est dit cy-dessus, je
n'ai jamais pû gouster les raisons de ceux
qui les blâment. Cette Difficulté est
de la même personne que la precedente.

ECLAIRCISSEMENT.

MONSIEUR de Vauban n'ap-
prouve asûrément pas la maniere des Holandois, que l'on re-
prend en cet endroit, & qui estoient,
pour ainsi dire, tellement affamez de
seconds Flancs, qu'ils sembloient n'a-
voir autre chose en teste, que de les
ménager les plus grands qu'ils le
pouvoient. Je ne sçai ce qu'en pensoit
Monsieur de la Londe, mais il y a
bien de l'apparence qu'il ne s'éloignoit
pas en cet endroit du sentiment presqu'universellement receu, de ce qu'il
y a de plus habiles Ingenieurs. Pour
Monsieur de Vauban, il est bien certain que son sentiment est en ceci
conforme à celui du Comte de l'a-

gan, du moins il ne ménage pas de
fecond Flanc dans fa maniere de
fortifier. La voici peu differente de
celle qu'on a publiée depuis peu fous
le nom de Nouvelle Fortification
Françoife, & on la donne en cet endroit d'autant plus volontiers, que
la plufpart des Difficultés fuivantes
font fondées fur la difference qu'il y
a entre elle & la Methode du Comte
de Pagan.

Divisez le Polygone exterieur
A B de 200 Toifes en deux parties égales au point C : tirez la Perpendiculaire C D de la 8. partie de
ce Polygone A B, pour le quarré, &
le Pentagone, & de la 6. pour les
autres, & par les Points A D B tirez les Lignes de Défenfe A D F,
B D E. Prenez enfuite le Point G
au quart du Polygone A B, & du
Point G tirez G E perpendiculaire
fur la Ligne de Défenfe E B, laquelle coupera l'autre Ligne de Défenfe A F au Point H extrémité de la
Face du Baftion ; tirez femblablement
de l'autre cofté la Ligne K F, & joignez les Points E F par une Ligne
droite qui fera la Courtine.

Pour achever les Flancs par le Point H , tirez la Ligne H I perpendiculaire à la Courtine F E prolongée, & par le point I tirez la Ligne I L parallele à E H , & de cette Ligne E H retranchez-en le tiers H M tirez du point B, qui eſt l'Angle flanqué du Baſtion oppoſé; tirez la Ligne B M L , & par l'Angle ſaillant de la Contreſcarpe oppoſée à l'Angle flanqué B tirez la Ligne I E N , & les Lignes I E , L M determineront la profondeur du Flanc couvert.

Maintenant pour les Oreillons, cherchez le point O également diſtant du point M & de la Ligne A H prolongée de ce point comme Centre, & de l'intervalle O M décrivez l'Arc M H , & vous aurez la forme convexe de voſtre Oreillon.

Enfin, pour le Flanc concave I L, des points I & L comme Centres & de l'intervalle I L décrivez deux Arcs s'entrecoupans en P , de l'interſection de ces deux Arcs, & du même intervalle décrivez l'Arc L I qui ſera le Flanc concave de voſtre Baſtion; faites la même choſe à chacun des Flancs, & marquez en Lignes noires la Face B H , l'Oreillon H M , le

Flanc

Flanc couvert M L I E, & la Courtine E F, &c. & vous aurez le principal trait de voftre Fortification.

Les Parapets feront de trois Toifes, les Ramparts de quatre, & les
Embrafures conftruites aux endroits
& en la maniere qu'on les voit décrites dans la Figure.

Pour le Ravelin, des points Q &
H, & de l'intervalle de 70 à 80 Toifes, décrivez deux Arcs s'entrecoupans au point R, & tirez les Lignes
H R, Q R, prenez R S, R T chacune de 40 à 50 Toifes, & tirez la
Ligne S T, fur laquelle vous éleve-
rez les perpendiculaires T V, S X
jufques à la rencontre de la Contrefcarpe prolongée, dont vous pou-
rez couper l'Angle Rentrant fuivant
le Polygone exterieur A B.

La largeur du grand Foffé de la
Place eft égale à L E ou Q F, & le
Foffé de la Demi-lune a la moitié
de cette largeur.

Le Tenaillon qui eft devant la
Courtine fe fait en cette forte : prenez les Faces 1 2, 3 4, chacune de
20 Toifes, les Angles 1 & 4 éloignez
des Faces des Baftions de 4 à 5 Toifes ; tirez les Flancs perpendiculai-

V

res sur les Lignes de Défense, & faites les Parapets & Embrasures comme dans les Bastions & Ravelins.

Vers les Angles Rentrans & saillans de la Contrescarpe, il se fait
des Places d'Armes & des Retranchemens, en la maniere qu'elles sont
décrites dans cette Figure.

APRE's avoir satisfait à la difficulté
qui se peut tirer de l'authorité de
Monsieur de Vauban & de Monsieur
de la Londe, il faut voir si les raisons que l'on oppose contre ces seconds Flancs, sont tellement à mé-
priser, qu'on voudroit l'insinuer dans
l'objection qu'on nous a faite.

La premiere est, que le ménagement du second Flanc empêche presque toûjours que le Fossé devant la
Face du Bastion puisse estre défendu du premier Flanc dont il doit tirer sa principale défense. Et il ne
sert de rien de dire que l'on peut remedier à ce defaut en retranchant
une partie de l'Angle Rentrant de
la Contrescarpe, dautant qu'on ne
sçauroit apporter ce remede sans élar-
gir considerablement le Fossé en cet
endroit, où il ne l'est déja que trop.

ce qui est un autre defaut, dans lequel on ne doit s'engager que pour procurer à la Forteresse quelque avantage fort considerable.

En second lieu, ce ménagement de second Flanc diminuë la grandeur des Gorges des Bastions en rendant l'Angle flanqué plus aigu qu'il ne l'auroit esté sans ce ménagement, ce qui emporte deux desavantages fort considerables. Le premier est de diminuer une partie, dont la grandeur peut estre fort utilement employée tant pour les Flancs retirez & couverts, que pour rendre le Bastion plus accessible à ceux qui le doivent défendre, laisser la place à de bons Retranchemens, ou enfin pour élever des Cavaliers dans les endroits où il y auroit quelque commandement à ruiner. Le second desavantage est de multiplier le nombre des Bastions, & partant, d'augmenter considerablement la dépense, comme il est aisé de le voir dans les convenances de la Fortification du Comte de Pagan avec celles du Chevalier de Ville & de Marolois page 93. & suivantes. Si bien que deslors qu'il sera certain que les seconds Flancs ne sont d'aucune utilité, il fera hors de doute qu'on les doit confiderer comme prejudiciables ; or il eft facile de faire voir combien ils font inutiles.

Pour cela il faut fuppofer que l'unique ufage du flanc eft de défendre la face du Baftion, qui lui eft oppofé, & le foffé qui eft au devant de cette face : or je dis que le fecond flanc ne fçauroit défendre ni l'un ni l'autre ; car cette défenfe ne fe peut tirer que du canon ou du moufquet ; & il eft aifé de faire voir que ni l'un ni l'autre ne fçauroient fervir à cet ufage dans le fecond flanc.

Premierement à l'égard du canon, ou bien l'on voudra s'en fervir par deffus le Parapet, & alors l'obliquité de la ligne de défenfe fur le fecond flanc empêchera neceffairement de découvrir le fond du foffé ; ou bien l'on voudra faire des embrafures, & pour lors la même obliquité les rendra fi foibles & fi ouvertes, qu'il fera impoffible qu'elles refiftent longtems aux batteries, que l'on ne manquera pas de leur oppofer ; outre que cette fituation occupe beaucoup de terrain pour faire peu de chofe, dautant qu'il eft prefque impoffible

que le canon y soit bien servi, ny
que les Canoniers le pointent vers
l'endroit qu'il doit défendre.

Le mousquet n'y sera pas d'un plus
grand secours. Le soldat dans l'occasion tire toûjours à la haste devant
luy sans se mettre en peine où il tire, & il ne se découvrira jamais autant qu'il le faudroit pour tirer au
fossé, dont on veut lui faire défendre le passage, outre que les sacs à
terre dont on a coutume de le couvrir, l'empêcheront de tourner ses
armes suivant l'obliquité de la ligne
de défense; car si on les vouloit disposer, en sorte que le Mousquet se
pût placer entre deux, suivant cette
ligne, ils deviendroient si éloignez
les uns des autres, qu'ils en seroient
absolument inutiles.

Ce qui a trompé jusqu'à present les
Partisans du second flanc, est la grandeur apparente de la deffense, qu'ils
se sont imaginez que la Forteresse en
tiroit, ils ont cru qu'elle devoit se
mesurer par la longueur de la partie
de la Courtine comprise entre le premier flanc & l'endroit où la ligne de
défense rencontre la Courtine : mais
s'ils eussent regardé la chose de prés,

ils n'auroient pû manquer de reconnoiſtre qu'elle ſe devoit meſurer par
l'eſpace perpendiculaire compris entre la ligne de défenſe & une parallele tirée de l'**Angle** du flanc. Ainſi
au lieu de me-
ſurer comme
ils ont fait la
longueur du
ſecond flanc
par la ligne
A B : ils au-
roient recon-
nu qu'elle ſe 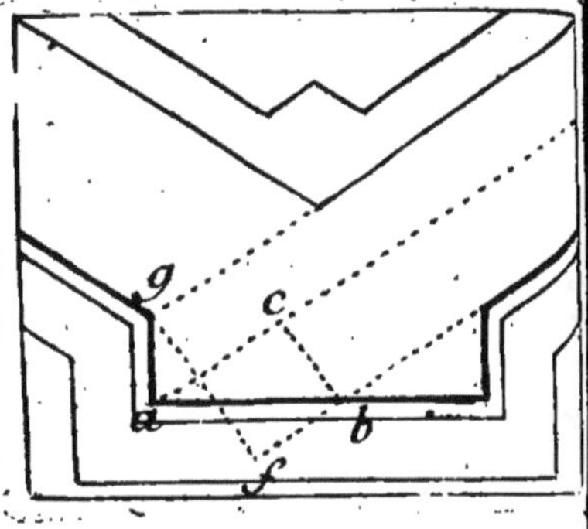
doit meſurer par la perpendiculaire
BC, puiſqu'en effet on ne ſçauroit placer plus de défenſes dans la ligne A B,
par rapport au foſſé du Baſtion oppoſé, que dans la ligne B C, & que
la défenſe auroit eſté auſſi grande
dans le ſeul flanc G F perpendiculaire à la ligne de défenſe, que dans
les deux lignes G A & A B priſes
enſemble; avec cette difference toutefois qu'elle eut eſté incomparable-
ment plus ſeure & plus aiſée dans
ce ſeul flanc que dans les deux autres, pour les raiſons que l'on vient
d'en apporter. C'eſt pourquoi Monſieur Blondel avoit bien raiſon de

dire que le second flanc ne défen-
doit le Baſtion que ſur le papier, &
qu'il arrivoit rarement que perſonne
en fuſt incommodé dans le paſſage du
foſſé.

III. DIFFICULTE.

Sur le Chapitre 4. pag. 36. &c.

TOut ce Chapitre explique la
diſpoſition des Flancs & des Cazemates à la maniere du Comte de
Pagan. Voici ce que l'on y trouve à
redire.

Les Flancs de Monſieur de Vauban va-
lent beaucoup mieux que ceux du Comte
de Pagan. Ces Places hautes & ces Ca-
zemates ne ſont plus en uſage, & l'on a
eu raiſon de les ſupprimer, pour trois rai-
ſons. La premiere eſt que les hautes in-
commodent les baſſes. 2° Elles reſſerrent
par trop les Gorges des Baſtions. 3° Elles
rendent la défenſe du Canon incompatible
avec celle du Mouſquet, eſtant bien cer-
tain que les Mouſquetaires n'y ſçauroient
ſubſiſter avec les Canoniers.

On remarque encore en un autre

endroit, *que les Parapets du profil de ces sortes de Flancs devroient estre au moins de 18 pieds plus hauts les uns que les autres ; car les Canons d'en haut bruslent fort bien ceux d'en bas à 15 pieds, ainsi l'on doit absolument rejetter ces sortes de Flancs bas.*

ECLAIRCISSEMENT.

CE n'est pas une merveille que les flancs de Monsieur de Vauban vaillent mieux que ceux du Comte de Pagan ; & quand on a parlé dans les Notes des avantages de ceuxcy, on les a seulement comparés à ceux des Autheurs qui avoient precedé. L'on a déja remarqué dans l'Avertissement, que ce Traitté des Fortifications estoit une premiere pensée que le Comte de Pagan n'a jamais eu ni l'occasion, ni le tems de rectifier par l'usage. Ainsi ce n'est pas une chose fort surprenante que l'on puisse mieux faire. Mais parce qu'il semble que ceux qui ont fait les difficultés precedentes, condamnent absolument ces Cazemates, dont on ne laisse pas de s'estre bien trouvé dans plusieurs Sieges, quoiqu'elles ne

fussent

fuſſent pas à beaucoup prés ſi grandes, ni ſi bien faites que celles du
Comte de Pagan; il eſt bon de dire
un mot des raiſons que l'on oppoſe
pour les condamner.

1. Sur ce qu'on dit que les hautes
incommodent les baſſes, il eſt vrai
que cela arrive neceſſairement quand
elles ſont trop ſerrées, comme elles
le ſont dans toutes les autres manieres, mais que dans celle-cy il eſt
aiſé de leur donner la diſtance neceſſaire, & de les rendre 18 pieds
plus hautes les unes que les autres,
ſans pour cela changer conſiderablement la maniere de noſtre Auteur.
D'ailleurs on peut répondre qu'il n'eſt
pas neceſſaire que les Batteries de ces
trois flancs agiſſent toutes enſemble,
veu principalement que toutes n'ont
pas le même uſage, les baſſes eſtant
particulierement deſtinées à rompre
la Gallerie, & à empécher le paſſage du
foſſé: & les hautes à ruiner les Batteries de l'ennemi ſur la Contreſcarpe oppoſée. Ainſi les unes peuvent
fort bien ſe repoſer pendant que les
autres feront leur effet, ſans que pour
cela l'on puiſſe dire qu'il y en ait
d'inutiles.

X

2. Sur ce que l'on oppofe qu'elles refferrent trop la gorge des Baftions, premierement cela n'arrive pas dans tous les Polygones. En fecond lieu, l'on peut dire que l'on ne fçauroit employer les gorges des Baftions à un meilleur ufage, qu'à celui-là, ainfi qu'on l'a remarqué dans la Note 35. pag. 51.

3. Ce que l'on oppofe que la défenfe du moufquet y eft incompatible avec celle du canon, fi c'eft un defaut, c'en eft un qui eft commun à tous les endroits où l'on fe fert du canon ; car il eft bien certain que par tout ailleurs, auffi bien qu'icy, les Canoniers & les Moufquetaires ne fçauroient fervir en même tems, & dans le même lieu, mais aprés tout il n'eft pas vrai que ces flancs ne puiffent eftre défendus en même tems par le moufquet & par le canon; car rien n'empêche que la partie du flanc qu'occupe l'épaule, ne ferve pour les Moufquetaires, pendant que l'on fervira l'Artillerie dans le flanc couvert.

IV. DIFFICULTE'.

Sur quelques endroits du Ch. 5.

LEs Remarques qui suivent concernent le petit Baſtion du Comte de Pagan & ſon Foſſé. Elles ſe reduiſent à quatre chefs.

1. Que ce ſecond foſſé n'eſt pas aſſez profond pour ſervir de contremine, ce qui eſt pourtant le principal avantage que le Comte de Pagan en pretend tirer.

2. On trouve à redire que dans les Notes on veüille que ce foſſé ſoit toujours ſec, quoique Monſieur de Vauban, auſſi bien que les meilleurs Ingenieurs de ce tems & le Comte de Pagan même, donnent la preference, aux foſſez pleins d'eau.

3. On pretend que c'eſt pecher contre l'une des plus eſſentielles Maximes de la Fortification, que de faire ce Baſtion interieur d'égale hauteur à l'exterieur, puiſque c'eſt un principe certain dans cet Art, que les parties interieures doivent toujours commander les exterieures.

Enfin, on croit que les faces de ce Baſtion ne ſont pas bien défenduës.

ECLAIRCISSEMENT.

1. L'INTENTION du Comte de Pagan n'eſt point que le ſecond foſſé ſerve de contremine, quoiqu'en un ſens il en puiſſe ſervir, comme on l'a expliqué dans la Note 38. pag. 53. mais qu'il facilite les contremines & qu'il ſerve d'un retranchement preparé à loiſir, & beaucoup meilleur que celui que l'on pouroit faire à la haſte. Il y a bien des raiſons qui empêchent que ce foſſé ne ſoit plus profond, on les a expliquées ſuffiſamment dans la Note 42. pag. 57 & 58. & il ſeroit inutile de les repeter en cet endroit.

2. La raiſon pour laquelle on veut que ce ſecond foſſé ſoit ſec, eſt que l'on doit le faire de telle ſorte que l'on puiſſe s'y défendre à coups de main, mais particulierement parce que ſon principal uſage eſt de ſervir à ſe loger au deſſous de l'ennemi qui ſe ſeroit rendu maiſtre du premier Rempart, & à le faire ſauter par des fourneaux, ainſi que le Comte de Pagan l'explique pag. 57.

3. La Maxime qui veut que les ou-

vrages interieurs commandent les exterieurs, est fondée sur ce qu'il ne
doit point y avoir de dehors qui ne
soient défendus de la principale enceinte de la forteresse, mais elle n'a
point d'application en cet endroit,
dautant que cette partie, quoique la
plus interieure de toutes, ne passe
pourtant pas pour faire partie de la
principale enceinte de la Place; &
comme l'on n'en pretend faire autre
chose qu'un retranchement, dans lequel on puisse encore se défendre
aprés que l'ennemi se sera rendu
maistre du premier Rempart, il suffit qu'il ait assez de hauteur pour couvrir ceux qui s'y défendront, &
bien loin qu'il soit necessaire de le
faire plus élevé, au contraire on peut
dire qu'une plus grande hauteur le
rendroit moins propre à l'usage auquel on le destine.

Enfin, l'on ne peut pas dire que
les faces de ce petit Bastion ne soient
pas bien défenduës; car elles le peuvent estre suffisamment de part &
d'autre par les deux costez qui servent
de communication du fossé interieur
à l'exterieur. Il est vrai que le Comte de Pagan n'a pas assez expliqué

cette communication , & qu'il semble n'y faire qu'une simple muraille , mais il est aisé de la suppléer , & il ne faut pas que le Parapet en soit bien épais, une simple muraille suffit , dautant qu'en cet endroit on ne sçauroit estre battu par l'Artillerie.

V. DIFFICULTE.

Sur la Note 43. pag. 60.

LE petit Fossé dont on parle dans cette Note est necessaire en cet endroit, mais il peut estre dangereux en le faisant également profond , il faut qu'il soit fait en Glacis, ensorte que du flanc opposé on en découvre entierement le fond , car autrement on y pourroit estre à couvert , & c'est ce que la Note 43. n'explique pas.

ECLAIRCISSEMENT.

L'On n'a rien à répondre à cette Remarque, & l'on reconnoist de bonne foy que la Note 43. avoit besoin de cet éclaircissement.

VI. DIFFICULTE.

Sur la Note 49. pag. 65. & 66.

LE Comte de Pagan à l'endroit que cette Note explique, dit que l'usage des Demilunes est principalement de couvrir les Flancs. Voicy ce que l'on oppose.

Sans contredit les Demilunes sont plutost faites pour couvrir la Courtine que les Flancs, il ne faut que voir leur situation pour en estre persuadé, & quoique ces dehors couvrent aussi les Flancs à une partie de la Campagne, ce n'est pourtant pas leur principale utilité, puisqu'ils les laissent toûjours découverts à la partie de la Contrescarpe qui leur est directement opposée.

ECLAIRCISSEMENT.

SI le principal usage des Demilunes estoit de couvrir la Courtine, leur construction seroit une dépense bien inutile, puis qu'il n'y a point de partie dans toute l'enceinte de la

X iiij

Place qui soit mieux defenduë, & qui
par consequent ait moins besoin d'ê-
tre fortifiée par des Dehors ; il n'en
est pas de même des Flancs ; comme
ce sont ces parties de qui dépend
entierement le salut de la Place, on
ne doit rien negliger pour les couvrir autant qu'on le peut sans les empêcher de découvrir ce qu'elles doivent défendre ; ainsi il est sans difficulté que le plus grand avantage qu'on
tire de Demilunes, c'est d'empêcher
que le Flanc ne puisse estre battu d'un
front plus large que celuy qu'il presente pour sa défense , je croirois
même que les Contregardes apportent plus d'utilité à la Place en couvrant les Flancs qu'en couvrant les
Faces des Bastions , quoique ces parties soient celles qui sont les moins
bien défenduës , & par consequent
les plus sujettes à estre attaquées.

VII. DIFFICULTE'.

Sur la Note 50. pag. 67.

L'On a dit dans cette Note que la
défense que tire la Demilune de

la Face du Baſtion eſt fort bonne, *principalement ſi l'on y ménage des Batteries à la maniere de Monſieur Blondel.* Voicy ce que l'on trouve à reprendre dans cette Note.

Cette maxime n'eſt approuvée de perſonne, parce que cette batterie eſt ſi petite, qu'une ſeule Bombe renverſe tout, outre qu'il faudroit plus de Canon qu'il n'y en a ſur les Vaiſſeaux du Roy.

ECLAIRCISSEMENT.

IL n'y a point de Batterie dans laquelle une Bombe ne faſſe beaucoup de ravage, & ce ſeroit une méchante raiſon que d'en conclure qu'il ne faut jamais faire de Batteries, celle-cy eſt auſſi grande qu'elle le doit eſtre, elle a autant de largeur que le Foſſé de la Demilune, & on luy donne toute la profondeur, dont elle a beſoin.

Quant à ce que l'on oppoſe de la quantité de Canons qu'il faudroit avoir dans une Place forte, on y répond ſuffiſamment dans tout le Chapitre 7. du nombre & de l'uſage de l'Artillerie pag. 81. & ſuivantes, & principalement dans la Note 58. qui

satisfait entierement à cette objection

VIII. DIFFICULTE'.

Sur la Note 51. *pag.* 67.

ON dit dans cette Note que le
petit Fossé que quelques Anciens faisoient audelà du Glacis, a
esté bientost condamné, comme n'é-
tant d'aucune importance, & ne faisant que servir de tranchée à l'Ennemi. Voici ce que l'on y a opposé.

Ce Fossé est fort bon lors qu'il est plein
d'eau, & Monsieur de Vauban en a fait
faire en plusieurs endroits.

ECLAIRCISSEMENT.

IL est fort rare que l'on puisse faire
des Fossez pleins d'eau audelà des
Glacis, Ainsi, quoique dans ces occasions il fust bon d'y en faire, il seroit
toûjours vray que cette maniere ne
seroit pas universellement d'usage,
& que dans les autres occasions le
Fossé que l'on condamne icy seroit
une méchante maniere de rendre
l'approche de la Contrescarpe difficile, mais outre cela quand même il

y auroit de l'eau dans ces Fossez, comme on ne peut presque jamais les emplir deslors qu'on les aura comblez jusqu'à la hauteur de l'eau, ils ne feront plus que servir de Tranchée à l'Assiegeant, aussi quand Monsieur de Vauban s'en est servi, on ne croit pas qu'il ait negligé pour cela de faire frapper une bonne palissade sur le chemin couvert.

IX. DIFFICULTE'.

Sur la Note 53. pag. 69.

L'On blâme dans cette Note ceux qui se servent des Ouvrages à Corne & à Couronne sans necessité & qui s'en servent uniquement, comme les Holandois avoient fait à Mastrick & ailleurs pour fortifier de vieilles Places. Voicy ce que l'on objecte.

De tous les Ouvrages il n'y en a point que Monsieur de Vauban estime plus que les Ouvrages à Corne & à Couronne, marque de cela, c'est qu'il n'y a pas une seule Place, où il n'en ait fait faire plusieurs.

ECLAIRCISSEMENT.

IL y a bien de la difference entre blâmer absolument les Ouvrages à

Corne & à Couronne, & dire qu'il
ne faut point en faire sa principale
enceinte, & les employer indifferem-
ment & sans discretion ; il n'y a qu'à
voir ce que l'on en dit dans la Note
86. pag 122. pour reconnoître que
bien loin de les condamner, on est
persuadé qu'il y a plusieurs occasions
dans lesquelles ces sortes d'Ouvrages
sont les seuls que l'on puisse utilement construire.

L'autorité de Monsieur de Vauban
ne fait rien à cecy, on confond mal
à propos ses Tenaillons avec les Ouvrages à Corne, & l'on ne trouvera
pas que cet excellent Ingenieur se
soit jamais servi uniquement d'Ouvrages à Corne pour fortifier aucune
Place de consequence.

X. DIFFICULTE'.

Sur tout le Chapitre 7 pag. 81.
& suivantes.

Dans tout ce Chapitre le Comte
de Pagan fait consister la principale défense des Places, & sur tout

celle du Foſſé dans le bon uſage de
l'Artillerie, & l'on eſt de ſon ſenti‑
ment dans les Notes que l'on a faites
ſur ce Chapitre. Voicy ce qu'on y a
oppoſé.

J'ay oüi dire à Monſieur de Vauban
que le Canon ne faiſoit peur qu'aux Pol‑
trons & ne frappoit que les Malheureux.
Le Mouſquet eſt beaucoup plus dangereux
que le Canon, & ſi la maxime du Comte
de Pagan eſtoit recevable, il faudroit faire
la ligne de défenſe à la portée du Canon
pour mille bonnes raiſons dont les Livres
ſont pleins.

ECLAIRCISSEMENT.

CEtte objection ſeroit excellente ſi
le Comte de Pagan rejettoit dans
la maniere de fortifier toute autre dé‑
fenſe que celle du Canon, & ſi ceux
qui défendent les Places n'avoient à
ſe défendre que contre des hommes
découverts & n'avoient rien eux‑
mêmes à craindre du Canon des Aſ‑
ſiegeans.

Mais en premier lieu, quelque cas
que l'on faſſe de la défenſe du Ca‑
non, on ne neglige pas celle du
Mouſquet, & le Comte de Pagan a

cet avantage pardessus ceux qui l'a-
voient precedé, que la grandeur &
la disposition de ses Flancs donnent
le plus de lieu à l'une & à l'autre défense, & c'est pourquoy, quoy que
l'on compte beaucoup sur le Canon,
on n'a garde de pousser pour cela
la ligne de défense audelà de la portée du Mousquet.

Secondement ce n'est pas à des
hommes découverts que l'on a toûjours affaire, & l'on est assuré que
Monsieur de Vauban ne disconvien-
dra pas que quand une fois toute
l'Artillerie des Flancs est mise hors
de service, le passage du Fossé n'est
pas une affaire fort difficile, & que
l'on trouve asses de moyens de se couvrir contre les coups du peu de Mous-
quetaires qui osent paroître derriere
des Parapets presqu'entierement ruinez ; c'est donc sur le Canon qu'il
faut particulierement compter pour
rompre la Gallerie, & empécher le
passage du Fossé.

Enfin ce n'est pas seulement à des
hommes que l'on a affaire dans une
Place assiegée, il faut encore tâcher
de ruiner les Batteries des Ennemis,
si vous ne voulez voir en peu de

tems vos Parapets & vos Flancs en-
tieremént ruinez, & voſtre Garniſon
expoſée à découvert à la Mouſqueterie d'une Armée plus puiſſante &
plus nombreuſe : en un mot, comme
l'on convient qu'il faut des hommes
pour ſe défendre contre des hommes,
il faut auſſi du Canon pour ſe défendre contre du Canon.

XI. DIFFICULTE'.

Sur le Chapitre 8. pag. 92, & ſuivantes.

L'On oppoſe à la Comparaiſon
que fait le Comte de Pagan de la
dépenſe de ſes Fortifications avec
celles du Chevalier de Ville & de
Marolois, que *cette Comparaiſon eſt juſte
ſi l'on n'a égard qu'au contour des murailles.* Mais que ſi l'on conſidere la
maſſe de terre que contient chaque
Baſtion, on trouvera qu'il y aura bien
plus de terre à remuër ; *Car les Baſtions
du Comte de Pagan ſont plus ſpatieux
d'un tiers que ceux de Marolois, &
preſque une fois plus que ceux du Cheva-*

lier de Ville, il faudra donc remuër beau-
coup plus de terre, ce qui coute beaucoup
de tems & d'argent,

ECLAIRCISSEMENT.

LEs Bastions du Comte de Pagan sont vuides, ses Remparts n'ont ni plus d'épaisseur ni plus de hauteur que ceux des autres, & par conse-quent la quantité des Terrasses est precisément en même raison que la longueur des murailles & ne change en aucune maniere, quelque capa-cité que la grandeur des Gorges puisse donner aux Bastions.

Voila les plus considerables diffi-cultez que l'on ait proposées sur le Texte & sur les Notes des Fortifica-tions du Comte de Pagan. L'on ne doute point qu'il ne s'y trouve plu-sieurs défauts pour lesquels ceux qui ont eu la bonté de revoir ce Livre auront eu trop d'indulgence, mais l'on declare icy avec la derniere sin-cerité que l'on ne manquera pas de les corriger aussitost qu'on nous les aura fait connoître.

TABLE

TABLE
DES MATIERES
contenuës dans les Fortifications du Comte de Pagan, & dans les Notes.

A

Y

B

D

Gorges

Z

Q

R

Fin de la Table des Matieres.

Lightning Source UK Ltd.
Milton Keynes UK
UKHW020913211021
392588UK00004B/160